Casos Práticos
de Direito do Trabalho

Casos Práticos
de Direito do Trabalho
CASOS PRÁTICOS RESOLVIDOS

2014

David Falcão
Doutor em Direito – Universidade de Salamanca

Susana Ferreira dos Santos
Mestre em Direito – Universidade Católica Portuguesa

**CASOS PRÁTICOS
DE DIREITO DO TRABALHO**
CASOS PRÁTICOS RESOLVIDOS
AUTORES
David Falcão e Susana Ferreira dos Santos
EDITOR
EDIÇÕES ALMEDINA, S.A.
Rua Fernandes Tomás, nºs 76-80
3000-167 Coimbra
Tel.: 239 851 904 · Fax: 239 851 901
www.almedina.net · editora@almedina.net
DESIGN DE CAPA
FBA.
PRÉ-IMPRESSÃO
EDIÇÕES ALMEDINA, SA
IMPRESSÃO E ACABAMENTO
NORPRINT
Fevereiro, 2014
DEPÓSITO LEGAL
370941/14

Apesar do cuidado e rigor colocados na elaboração da presente obra, devem os diplomas legais dela constantes ser sempre objeto de confirmação com as publicações oficiais.
Toda a reprodução desta obra, por fotocópia ou outro qualquer processo, sem prévia autorização escrita do Editor, é ilícita e passível de procedimento judicial contra o infrator.

 | GRUPOALMEDINA

BIBLIOTECA NACIONAL DE PORTUGAL – CATALOGAÇÃO NA PUBLICAÇÃO
FALCÃO, David, e outro
Casos práticos de direito do trabalho / David Falcão,
Susana Ferreira dos Santos. – (Casos práticos)
ISBN 978-972-40-5474-2
I – SANTOS, Susana Ferreira dos
CDU   349

À Isabel por todos os minutos

À Sónia com amor (David)

À nossa família e amigos pelo apoio incomensurável

Aos nossos alunos que nos inspiram todos os dias

NOTAS DE ABERTURA

Foi com grato prazer que recebi o dignificante convite dos autores para escrever algumas palavras de introdução à presente obra.

A minha satisfação em fazê-lo deve-se, não só à utilidade que a mesma representa para os estudantes das Ciências Jurídicas, mas também pelo enorme contributo que presta na abordagem prática e aprofundada de temáticas fundamentais do Direito do Trabalho. Com esta compilação consegue colmatar-se a escassez de casos práticos resolvidos pois, no espaço letivo, o tempo nem sempre é suficiente para a resolução do número desejável de exercícios.

Finalmente, saliento a qualidade deste livro, resultado do labor e empenho de dois profissionais de reconhecido mérito neste intrincado mundo do Direito – a Mestre Susana Ferreira dos Santos e o Professor Doutor David José Geraldes Falcão – a quem dou os meus sinceros parabéns e desejo os maiores sucessos pessoais e profissionais.

MARTA FALCÃO
(Doutorada em Direito e Docente no Instituto Politécnico de Castelo Branco – Escola Superior de Gestão)

É com orgulho que apresento esta obra, pela sua excelência e atualidade. Os autores, com quem tenho o privilégio de privar pessoal e profissionalmente, elegeram a área científica do Direito do Trabalho, que se caracteriza pela relevância social e constante mutação, o que converte o presente trabalho num oportuno instrumento de estudo e labor.

Enalteço a metodologia prática utilizada, denotadora da vasta experiência de dois docentes do ensino superior politécnico, cientes de que a aplicação dos normativos legais a situações do quotidiano é essencial à aquisição e consolidação de conhecimentos jurídicos. Estou certa que todos os estudantes e práticos do Direito assim o saberão aproveitar.

RUTE COUTO
(Mestre em Direito pela Universidade Católica Portuguesa e Docente no Instituto Politécnico de Bragança – Escola Superior de Comunicação, Administração e Turismo)

NOTA INTRODUTÓRIA

Em virtude das constantes alterações ao regime laboral resultantes fundamentalmente do acordo celebrado, a 11 de maio de 2011, entre o Governo Português e a *Troika*, é incontornável a necessidade de adaptação às novas realidades. Tal exige um processo intensivo e constante de estudo por parte de docentes e alunos.

Assim sendo, decidimos reunir um conjunto de casos práticos, que ilustra as matérias fundamentais do Direito do Trabalho e contempla nas suas resoluções as alterações legislativas mais recentes. Acreditamos que a presente obra constitui um considerável instrumento complementar às matérias lecionadas e que a resolução de casos práticos poderá auxiliar os alunos na compreensão dos conceitos teóricos. Como refere Confúcio, filósofo e político chinês, "a essência do conhecimento consiste em aplicá-lo, uma vez possuído".

Queremos solicitar a todos aqueles que lerem o nosso trabalho, o envio de críticas e/ou sugestões. Um projeto nunca está perfeito, nem terminado...

DAVID FALCÃO (david@ipcb.pt)
SUSANA FERREIRA DOS SANTOS (susanafs@ipb.pt)

ABREVIATURAS

CC: Código Civil
CRP: Constituição da República Portuguesa
CT: Código do Trabalho

CASOS PRÁTICOS

CASO Nº 1
QUALIFICAÇÃO DO CONTRATO

Arlindo foi contratado pela sociedade "PC – Serviços de Informática Lda.", para desenvolver a atividade de técnico de informática. Qualifique o contrato descrito, analisando cada uma das seguintes cláusulas:
a) O trabalhador aufere 1500 euros por mês;
b) Encontra-se sob a supervisão de Bento, sócio-gerente da empresa, de quem recebe ordens;
c) Exerce a sua atividade com autonomia técnica.

TÓPICOS DE RESOLUÇÃO:

Podemos concluir que estamos perante um contrato de trabalho, analisando as três cláusulas mencionadas:
a) Arlindo aufere retribuição periodicamente o que representa um indício, embora falível, da qualificação do contrato enquanto contrato de trabalho. Pois, nos termos dos artigos 11º do Código do Trabalho (CT), 1152º do Código Civil (CC) e 1154º CC, a retribuição é elemento obrigatório no contrato de trabalho e eventual no contrato de prestação de serviço;

b) Nos termos do artigo 11º CT e artigo 1152º CC, o facto de Arlindo se encontrar sob a supervisão de Bento, permite a qualificação do contrato como contrato de trabalho uma vez que existe subordinação jurídica (artigo 11º CT *in fine*);
c) Nos termos do artigo 116º CT, a autonomia técnica não prejudica a qualificação do contrato como contrato de trabalho, uma vez que esta autonomia é distinta da autonomia que caracteriza o contrato de prestação de serviço (pelo facto de no contrato de prestação de serviço não existir subordinação jurídica), de acordo com o artigo 1154º CC. A autonomia técnica decorre da natureza da atividade e das qualificações do próprio trabalhador.

CASO Nº 2
Qualificação do Contrato

Armando foi contratado pela sociedade "Bolos Frescos – Comércio Alimentar, Lda.". Qualifique este contrato, analisando cada uma das seguintes cláusulas:
a) Aufere mensalmente 480 euros;
b) Não tem horário de trabalho, nem está sujeito à autoridade do beneficiário da atividade;
c) Está adstrito à confeção de 130 bolos por semana;
d) Trabalha em sua casa.

TÓPICOS DE RESOLUÇÃO:

a) No que respeita à primeira cláusula, constatamos que Armando aufere retribuição periodicamente o que representa um indício, embora falível, da qualificação do contrato enquanto contrato de trabalho. Pois, nos termos dos artigos 11º CT, 1152º CC e 1154º CC, a retribuição é elemento obrigatório no contrato de trabalho e eventual no contrato de prestação de serviço.

b) Quanto à segunda cláusula, o facto de não existir horário de trabalho é um indício da existência de um contrato de prestação de serviço, todavia estamos perante um indício falível (existem contratos de trabalho em que os horários de trabalho são flexíveis). Quanto ao facto de não estar sujeito à autoridade do beneficiário da atividade, permite-nos imediatamente afirmar que, nos termos do artigo 11º CT e artigo 1152º CC, não existe subordinação jurídica, pelo que o contrato em causa não será um contrato de trabalho.

c) No que concerne à terceira cláusula, constata-se a existência de uma das características do contrato de prestação de serviço, designadamente estarmos na presença de uma obrigação de resultado. Como se afere do artigo 1154.º CC, o prestador de serviço apenas se obriga a um fim, à apresentação de um resultado. Contrariamente, a atividade característica do contrato de trabalho consubstancia uma obrigação de meios, sendo que o trabalhador deve diligentemente desenvolver a atividade, independente da obtenção de um fim, uma vez que o fim é normalmente irrelevante para a perfeita execução do contrato. Portanto, é suficiente que o trabalhador esteja na disponibilidade do empregador para prestar a atividade laboral, e se a obtenção do fim pretendido pelo empregador não for alcançada, por causa não imputável ao trabalhador, continua a ser devida a retribuição.

d) Por último, quanto à quarta cláusula, o trabalho no domicílio é, nos termos do artigo 10.º CT, um contrato equiparado ao contrato de trabalho. Apesar de apresentar características típicas do contrato de prestação de serviço, existe a particularidade da dependência económica de Armando em relação ao beneficiário da atividade, característica do trabalho no domicílio. A referida dependência económica prende-se com a dificuldade que resulta para o trabalhador no domicílio em alienar bens (expressamente encomendados pelo beneficiário da atividade) a outrem que não ao referido beneficiário.

Desta forma, podemos concluir que o contrato em análise é um contrato equiparado ao contrato de trabalho, nos termos do artigo 10º CT, uma vez que não existe subordinação jurídica, mas subordinação económica. Cabe referir que, apesar da parca utilização prática, o regime do trabalho no domicílio é regulado pela Lei nº 101/2009, de 8 de setembro.

CASO Nº 3
Qualificação do Contrato

A EDP e Ana Rita Faria celebraram um contrato, verbalmente, em que compete à segunda proceder às leituras dos contadores da luz indicados pela primeira, sem sujeição a horário de trabalho, utilizando meios de transporte próprios e auferindo uma retribuição fixada em função do número de leituras efetuadas. *Quid iuris?*

TÓPICOS DE RESOLUÇÃO:

Na distinção entre trabalho autónomo e subordinado, a doutrina e jurisprudência portuguesas apelam ao uso do método indiciário, muito embora os indícios sejam falíveis. É verdade que existe uma regra no Código do Trabalho que estabelece uma presunção de contrato de trabalho, o artigo 12º CT, mas continuamos a ter que fazer a "caça ao indício" baseados nas características previstas no referido artigo (não é necessário que se verifiquem cumulativamente, apenas que se verifiquem algumas características previstas nas alíneas do seu nº 1).

No caso em análise, o facto de o contrato ter sido celebrado verbalmente não nos auxilia na qualificação do contrato, uma vez que vigora o princípio da liberdade de forma, quer no contrato de trabalho por tempo indeterminado (artigo 110º CT), quer no contrato de prestação de serviço (artigo 219º CC e artigo 1154º CC).

Temos inúmeros indícios da existência de um contrato de prestação de serviço: o facto de não estar sujeito a horário de trabalho (artigo 12º nº 1 c) CT), o facto de utilizar meios de transporte próprios (artigo 12º nº 1 b) CT), o facto de a trabalhadora ser retribuída em função do resultado e de interessar apenas o resultado à beneficiária da atividade (artigo 12º nº 1 d) CT). Desta forma, podemos, com alguma certeza, afirmar que estamos perante um contrato de prestação de serviço.

CASO Nº 4
Qualificação do Contrato

Nuno Lourenço é médico numa clínica privada, há mais de 7 anos. Tem que se deslocar à clínica todos os dias de manhã, entre as 9h e as 13h, e recebe em função dos pacientes que atende (muito embora a média remuneratória mensal não seja muito diferente). Durante o mês de agosto não trabalha, todavia também nada recebe. Nuno, cansado de estar tantos anos nesta situação precária de prestação de serviço, pretende saber se será possível qualificar o seu contrato como contrato de trabalho.

TÓPICOS DE RESOLUÇÃO:

Na distinção entre contrato de trabalho e contrato de prestação de serviço, a doutrina e jurisprudência portuguesas apelam ao uso do método indiciário, muito embora os indícios sejam falíveis. É verdade que existe uma regra no Código do Trabalho que estabelece uma presunção de contrato de trabalho, o artigo 12º CT, mas continuamos a ter que fazer a "caça ao indício" baseados nas características previstas no referido artigo (não é necessário que se verifiquem cumulativamente, apenas que se verifiquem algumas características previstas nas alíneas do seu nº 1).

De acordo com os dados fornecidos, o médico exerce a sua atividade nas instalações do "empregador" (artigo 12º nº 1 a) CT) e tem um horário de trabalho – "todos os dias de manhã, entre as 9h e as 13h" (artigo 12º nº 1 c) CT), o que indicia a existência de um contrato de trabalho. Na verdade, estamos perante indícios falíveis. Por um lado, é comum prestadores de serviço exercerem a sua atividade nas instalações do beneficiário dessa atividade e é possível trabalhadores subordinados prestarem a sua atividade fora das instalações do empregador, como é o caso do teletrabalhador. Por outro lado, existem muitos contratos de trabalho com horários flexíveis e muitos contratos de prestação de serviço em que efetivamente existe um acordo entre as partes que prevê determinado horário para prestação da atividade. A autonomia técnica deste profissional não nos ajuda, de igual modo, na qualificação desta relação – artigo 116º CT.

O enunciado refere que Nuno Lourenço recebe em função dos pacientes que atende, muito embora a média remuneratória mensal não seja muito diferente. Ora a clínica apenas retribui o resultado e não a atividade do médico. É irrelevante que a média remuneratória mensal seja sensivelmente a mesma, apenas significa que a média de pacientes atendidos pelo médico não divergia de mês para mês, não obstante não receber durante o mês de agosto. Desta forma, estamos perante um forte indício da existência de um contrato de prestação de serviço.

Face aos dados fornecidos no enunciado e aos argumentos apresentados, a nossa convicção pende para a existência de um contrato de prestação de serviço.

CASO Nº 5
Contrato de Trabalho com Regime Especial

Lénia Moura tem 18 anos e é bailarina. Celebrou no início do ano o seu primeiro contrato de trabalho com a Companhia de Bailado Portuense.
a) Qual é a legislação aplicável a esta relação de trabalho?
b) Suponha que as partes celebraram um contrato de trabalho a termo resolutivo pelo prazo de um ano. Qual é a duração máxima deste contrato?

TÓPICOS DE RESOLUÇÃO:

a) O diploma que aprovou o regime dos contratos de trabalho dos profissionais de espetáculos foi a Lei nº 4/2008, de 7 de fevereiro, com as alterações introduzidas pela Lei nº 28/2011, de 16 de junho, e pela Lei nº 105/2009, de 14 de setembro.
b) De acordo com o artigo 7º nº 3 da Lei nº 4/2008, de 7 de fevereiro, "o contrato de trabalho a termo certo tem a duração máxima de seis anos, não lhe sendo aplicável o regime previsto no Código do Trabalho em matéria de contratos sucessivos e limite de renovações."

CASO Nº 6
Contrato de Trabalho com Regime Especial

Justina de Sousa é empregada doméstica de Ana Catarina Mesquita há 8 anos. Pretende denunciar o seu contrato de trabalho, por motivos pessoais. *Quid iuris?*

TÓPICOS DE RESOLUÇÃO:

Estamos perante um contrato de trabalho especial e a legislação que se aplica a esta relação laboral é o Decreto-Lei nº 235/92, de 24 de outubro. Este diploma estabelece o regime das relações de trabalho emergentes do contrato de serviço doméstico. Neste caso, de acordo com o artigo 33º nº 1 do Decreto-Lei mencionado, Justina terá que avisar Ana Catarina, por escrito, com a antecedência de seis semanas; se não cumprir, no todo ou em parte, o aviso prévio, terá que pagar, a título de indemnização, o valor da retribuição correspondente ao período do aviso prévio em falta, conforme o preceituado no nº 2 do artigo referido.

CASO Nº 7
DIREITOS DE PERSONALIDADE DO TRABALHADOR

Francisco Moreira, chefe de cozinha do restaurante "Coquelicot" recebe uma carta do seu empregador, mediante a qual este exige ao trabalhador a realização de exames médicos, justificando a sua pretensão na desconfiança de que terá uma doença contagiosa. *Quid iuris?*

TÓPICOS DE RESOLUÇÃO:

O empregador pode exigir nestas circunstâncias a realização de exames médicos. Em primeiro lugar, particulares exigências da atividade de chefe de cozinha e, em segundo, por estar em causa a segurança de terceiros, nos termos do artigo 19º nº 1 CT. Não obstante, o médico responsável pela realização dos exames apenas comunicará se Francisco está ou não apto para o desempenho da atividade, segundo o nº 2 do referido artigo.

CASO Nº 8
DIREITOS DE PERSONALIDADE DO TRABALHADOR

Abel Pereira, licenciado e mestre em Economia, trabalha na "Soluções Perfeitas – Consultores Financeiros, Lda." desde 1999, com sede em Lisboa. Tem sido um trabalhador exímio e dedicado, todavia, nos últimos meses, o empregador tem constatado uma maior desconcentração e menor produtividade no trabalho do economista.
  a) O empregador tenciona condicionar o acesso a variados *sites* da internet, uma vez que desconfia que este seja o motivo para o menor rendimento do trabalhador. Poderá fazê-lo?
  b) Suponha que a entidade empregadora de Abel, aproveitando a ausência do trabalhador durante o seu intervalo de descanso, acedeu ontem ao histórico no computador do trabalhador, a

fim de inspecionar os *sites* que o trabalhador visitou durante a manhã e por quanto tempo. *Quid iuris*?

c) Suponha ainda que o empregador pretende colocar uma câmara de videovigilância, a fim de controlar o desempenho dos trabalhadores. *Quid iuris*?

TÓPICOS DE RESOLUÇÃO:

a) Parece-nos que ao abrigo do poder de direção, se o empregador considerar que o acesso à internet é um obstáculo à eficiência, concentração e rapidez da atividade a que está adstrito o trabalhador, será aceitável a sua proibição (muito embora existam estudos que concluam precisamente o contrário). Até porque o artigo 20º nº 2 CT estabelece que o empregador pode "estabelecer regras de utilização dos meios de comunicação na empresa". Podemos ainda referir que o empregador, na extensão do seu poder de direção e no que respeita ao seu poder regulamentar, poderá elaborar um regulamento interno sobre as condições de utilização do *e-mail* e da internet. Desta forma, as normas de conduta internauta estarão devidamente esclarecidas para todos os trabalhadores.

b) Estamos perante a violação do direito à privacidade do trabalhador, que nunca poderá ser violado em nome de um pretenso poder de direção por parte da entidade empregadora. Este direito basilar tem, desde logo, consagração constitucional – artigo 26º nº 1; por sua vez, o artigo 70º CC estabelece a tutela geral da personalidade, autonomizado no artigo 80º CC. No que respeita ao Código do Trabalho, o artigo 16º consagra precisamente o direito à reserva da intimidade da vida privada. Se é certo que o empregador poderá estabelecer as condições em que o trabalhador poderá aceder à internet, o que nunca poderá fazer é aceder ao histórico no computador deste, sendo uma conduta ilícita por parte do empregador.

c) O artigo 20º CT estabelece a regra fundamental e responde à questão colocada: o empregador não pode usar meios de vigilância à distância no local de trabalho, mediante a utilização de equipamento tecnológico, com o objetivo de controlar o desempenho profissional do trabalhador. Os equipamentos tecnológicos referidos respeitam a sistemas de captação de som e de imagem, isto é, sistemas de videovigilância. Todavia, a lei portuguesa exige para uma lícita utilização dos referidos equipamentos que esteja em causa a proteção e segurança das pessoas e dos bens ou ainda em determinados tipos de atividades, que envolvam riscos para os trabalhadores, como por exemplo, a utilização de determinadas substâncias perigosas ou em determinados ambientes (minas, pedreiras, *inter alia*). Mais se acrescenta que por força do artigo 21º CT "a utilização de meios de vigilância à distância no local de trabalho está sujeita a autorização da Comissão Nacional de Proteção de Dados". Trata-se da entidade administrativa que controla e fiscaliza o processamento de dados pessoais; e, em Portugal, a Lei nº 67/98, de 26 de outubro, é a lei da proteção de dados pessoais, que regula os requisitos de utilização de videovigilância. São conhecidos os princípios da necessidade, da adequação e da proporcionalidade para que a Comissão Nacional de Proteção de Dados permita a captação, tratamento e difusão de sons e imagens.

CASO Nº 9
PARENTALIDADE

Armanda, trabalhadora da Padaria Pão Fresquinho, está grávida de 37 semanas e o seu marido, Albérico, está desempregado. Pretende que a esclareça sobre a duração da sua licença de parentalidade e sobre a remuneração a que terá direito nesse período.

TÓPICOS DE RESOLUÇÃO:

Neste caso prático Albérico, marido de Armanda, está desempregado. Coloca-se a questão de saber se poderá ou não partilhar a licença parental inicial com a mulher. Na verdade um desempregado poderá ser um beneficiário das prestações de desemprego ou não.

Se Albérico estiver a receber prestações de desemprego, estas ficam suspensas enquanto estiver a receber subsídio parental inicial, de acordo com o artigo 8º nº 2 do Decreto-Lei nº 91/2009, de 9 de abril, que define e regulamenta a proteção na parentalidade no âmbito da eventualidade maternidade, paternidade e adoção do sistema previdencial e do subsistema de solidariedade.

Desta forma, Armanda e Albérico podem optar pela licença parental inicial partilhada, nos termos previstos no artigo 40º CT.

Se optarem pelos 150 dias nas situações em que cada um dos progenitores goze pelo menos 30 dias consecutivos ou 15 dias igualmente consecutivos, o montante diário é igual a 100% da remuneração de referência do beneficiário – artigos 40º nº 1 e nº 2 CT e artigo 30º c) do Decreto-Lei nº 91/2009, de 9 de abril.

Se optarem pelo período de licença de 180 dias nas situações em que cada um dos progenitores goze pelo menos 30 dias consecutivos ou 15 dias igualmente consecutivos, o montante diário é igual a 83% da remuneração de referência do beneficiário – artigos 40º nº 1 e nº 2 CT e artigo 30º d) do Decreto-Lei nº 91/2009, de 9 de abril.

Ao que sabemos, a situação mais frequente é a mãe gozar 120 ou 150 dias consecutivos e logo a seguir o pai goza 30 dias.

Se Albérico não estiver a receber prestações de desemprego, a licença terá que ser exclusiva da mãe.

Desta forma, se Armanda optar pelo período de licença de 120 dias, o montante diário é igual a 100% da sua remuneração de referência; no caso de optar pelo período de licença de 150 dias, o montante referido será igual a 80% da remuneração de referência de Armanda, de acordo com o artigo 30º a) e b) do Decreto-Lei nº 91//2009, de 9 de abril, respetivamente. De salientar que o artigo 28º do Decreto-Lei nº 91/2009, de 9 de abril, define remuneração de referência.

CASO Nº 10
PARENTALIDADE

Ana Eira está grávida de 26 semanas e trabalha há 7 anos numa empresa que vende colchões ortopédicos. Tem muitas dúvidas acerca dos seus direitos e pretende esclarecê-las. Elucide-a:
a) Ana é obrigada a prestar trabalho suplementar?
b) O seu marido não pretende partilhar a licença. Assim sendo, qual é a duração máxima da licença parental inicial a gozar pela mãe? Suponha que Ana está grávida de gémeos. A sua resposta seria a mesma?
c) Existe algum direito especial no despedimento de uma trabalhadora grávida?

TÓPICOS DE RESOLUÇÃO:

a) A trabalhadora grávida (bem como o trabalhador ou trabalhadora com filho de idade inferior a 12 meses), nos termos do artigo 59º nº 1 CT, não está obrigada à prestação de trabalho suplementar.
b) Se o marido não pretende partilhar a licença, teremos uma licença parental inicial exclusiva da mãe que poderá durar 150 dias consecutivos, de acordo com o artigo 40º nº 1 CT. Se Ana estivesse grávida de gémeos, ao período de licença referido, teríamos que acrescentar 30 dias por cada gémeo, além do primeiro, por força do nº 3 do mesmo artigo.
c) O legislador protege o despedimento de uma trabalhadora grávida (bem como de uma trabalhadora puérpera ou lactante e mesmo de trabalhador no gozo da sua licença parental) conforme estabelece o artigo 63º CT. Desde logo, este despedimento carece de parecer prévio da Comissão para a Igualdade no Trabalho e no Emprego (CITE) e presume-se feito sem justa causa, por força do nº 1 e do nº 2 do artigo mencionado, respetivamente. Mais podemos acrescentar que um despedimento sem o aludido parecer prévio da CITE é considerado ilícito, de acordo com o artigo 381º d) CT.

CASO Nº 11
TRABALHO DE MENORES

Armando, gerente de uma padaria, contratou Bernardo, menor de idade, para trabalhar como ajudante de padeiro.

a) Suponha que Bernardo tem 16 anos de idade encontrando-se matriculado e a frequentar o nível secundário de educação. Bernardo celebrou o contrato de trabalho diretamente com o empregador. *Quid iuris?*

b) Imagine que Bernardo tendo 15 anos de idade e encontrando-se matriculado e a frequentar nível secundário, celebrou o contrato diretamente com Armando, sem autorização dos representantes legais. Imagine agora que Bernardo não se encontra matriculado e a frequentar nível secundário. *Quid iuris?*

TÓPICOS DE RESOLUÇÃO:

a) O contrato de trabalho é válido, uma vez que o menor que tenha completado a idade mínima de admissão e matriculado e a frequentar o nível secundário de educação, pode celebrar, de forma válida, um contrato de trabalho, nos termos do artigo 68º nº 1 e nº 2 CT, bem como o artigo 70º nº 1 CT, salvo oposição escrita dos seus representantes legais.

b) Na primeira situação, o contrato de trabalho é anulável, por força do artigo 125º CC, uma vez que, na falta de autorização, o menor continua a ser visto como um incapaz. Desta forma, o negócio jurídico celebrado pelo incapaz permite aos seus representantes legais anular o negócio, nos termos do aludido artigo. Note-se que não estamos perante um objeto do negócio contrário à lei, pois a dependência da autorização é apenas uma forma de suprir a incapacidade do menor.

Na segunda situação, já se coloca a questão dos requisitos do objeto negocial, uma vez que um menor com 15 anos que não se encontre matriculado e a frequentar nível secundário de educação nunca poderá celebrar um contrato de trabalho. Se o fizer a atividade laboral é contrária à lei e o contrato nulo nos termos dos artigos 280º nº 1 e 294º CC.

CASO Nº 12
Promessa de Contrato de Trabalho

Carlos e Daniel celebraram, há dois meses, uma promessa de contrato de trabalho reduzida a escrito, no qual Carlos prometeu desenvolver a atividade de marceneiro, na empresa de Daniel, por 1000 euros mensais. Não obstante, Carlos celebrou um contrato de trabalho com outro empregador, no mês passado, e não tenciona cumprir a promessa celebrada com Daniel. Este pretende intentar uma ação judicial, com o intuito de obrigar Carlos a cumprir o prometido.
a) Será a pretensão de Daniel atendida judicialmente?
b) Suponha que a promessa de contrato de trabalho não foi reduzida a escrito. *Quid iuris*?

TÓPICOS DE RESOLUÇÃO:

a) A pretensão de Daniel não poderá ser atendida judicialmente, por força do artigo 103º nº 3 CT e do artigo 830º nº 1 CC. Perante o incumprimento da promessa de contrato de trabalho, a lei não permite que uma das partes recorra à execução específica, isto é, que consiga, por via judicial, a celebração do contrato definitivo. Na verdade, tal pretensão colidiria com o disposto no artigo 47º da Constituição da República Portuguesa (CRP), que estabelece o princípio da livre escolha de profissão. Todavia, por força do já aludido artigo 103º, o seu nº 2 consagra que "o não cumprimento da promessa de contrato de trabalho dá lugar a responsabilidade nos termos gerais", o que nos remete paras as regras da responsabilidade civil previstas no Código Civil.
b) Nos termos do artigo 103º nº 1 CT exige-se a forma escrita para a promessa de contrato de trabalho, caso contrário será nula, nos termos do artigo 220º CC.

CASOS PRÁTICOS DE DIREITO DO TRABALHO

CASO Nº 13
Contrato de Adesão| Período Experimental | Denúncia

Asdrúbal Sousa celebrou com a sociedade "AUDINORTE – Auditores de Energia Associados, Lda.", representada pelo sócio-gerente da sociedade, Bruno Almeida, um contrato de trabalho por adesão ao regulamento interno da empresa, por tempo indeterminado, para exercer a atividade de diretor dos recursos humanos.
a) Imagine que Asdrúbal não se pronunciou quanto regulamento interno. *Quid iuris?*
b) Suponha que Asdrúbal manifesta-se, por escrito, dentro do período de 21 dias, contra o regulamento interno. *Quid iuris?*
c) Suponha ainda que Asdrúbal, durante a fase pré-contratual, referiu que já tinha uma vasta experiência profissional de cinco anos, quando, na verdade, apenas eram cinco meses. *Quid iuris?*
d) Qual será a duração do período experimental do contrato descrito?
e) Suponha que decorridos 130 dias desde o início da execução do trabalho, o empregador, descontente com o trabalho de Asdrúbal, decide denunciar o contrato sem aviso prévio. *Quid iuris?*

TÓPICOS DE RESOLUÇÃO:

a) De acordo com o artigo 104º CT, a adesão do trabalhador pode ser expressa ou tácita. Nesta situação poderá presumir-se a adesão de forma tácita, se o trabalhador não se opuser por escrito, no prazo de 21 dias a contar do início da execução do contrato. Esta presunção pode ser elidida, nos termos do artigo 350º nº 2 CC, se o trabalhador conseguir provar a sua não adesão.
b) Se o trabalhador se manifestar no prazo de 21 dias contra o regulamento interno, nos termos do artigo 104º nº 2 CT, as suas regras não podem integrar o contrato de trabalho, porque a ninguém pode ser imposta uma cláusula contratual sem o seu consentimento, podendo eventualmente as partes negociar um

27

contrato individual de trabalho. Caso o empregador assim não o deseje, o facto de estar dentro do período experimental permite-lhe denunciar o contrato livremente.
c) Segundo o artigo 106º nº 2 CT, o trabalhador é obrigado a informar o empregador sobre os aspetos relevantes para a prestação da atividade laboral. Em caso de incumprimento do referido dever, as consequências serão as previstas no artigo 102º CT e no artigo 227º CC, respondendo o trabalhador pelos danos causados ao empregador. Por outro lado, nos termos do artigo 247º CC, o contrato de trabalho é anulável, em virtude do erro que viciou a vontade.
d) De acordo com o artigo 112º nº 1 c) CT, e uma vez que estamos perante um trabalhador que exerce um cargo de direção, a duração do período experimental será de 240 dias.
e) Nos termos do artigo 114º nº 3 CT, o empregador deveria ter dado um pré-aviso de 15 dias para a denúncia do contrato. Não o tendo feito, ficará obrigado a pagar ao trabalhador a retribuição correspondente ao período de aviso prévio em falta, de acordo com o artigo 114º nº 4 CT.

CASO Nº 14
Objeto | Local de Trabalho | Trabalho Temporário

Comente as seguintes situações:
a) Joana Soares é ajudante de cozinha do Restaurante Sal e Pimenta, em Mirandela, há mais de quatro anos. O proprietário do restaurante ordenou-lhe que durante 2 meses desempenhasse, de igual modo, durante 2 das suas 8 horas de trabalho diário, as funções de cozinheira, para as quais Joana tem as devidas qualificações.
b) O proprietário do Restaurante Sal e Pimenta decide transferir, de forma definitiva, Joana para outro estabelecimento, localizado no Porto. Joana considera que a transferência seria boa a nível profissional; todavia o seu namorado reside e trabalha em Vila Real.

A "Arte de Escolher" celebrou um contrato de prestação de serviço com o restaurante Sal e Pimenta e colocou à sua disposição Lídia Gonçalves, uma excelente doceira.

c) Identifique o contrato celebrado entre a "Arte de Escolher" e o restaurante Sal e Pimenta.
d) Enuncie os contratos que Lídia poderá ter celebrado e com quem.

TÓPICOS DE RESOLUÇÃO:

a) Neste caso em concreto, parece-nos que não estará em causa o *ius variandi*, uma vez que Joana continua a desempenhar a sua atividade de ajudante de cozinha, atividade para a qual tinha sido contratada. A atividade contratada compreende as funções que lhe sejam afins ou funcionalmente ligadas, conforme dispõe o artigo 118º nº 2 CT. A lei exige, todavia, que a trabalhadora tenha qualificação adequada e que não implique desvalorização profissional, o que nos parece ser o caso. Por funções "afins ou funcionalmente ligadas", o legislador entende que serão aquelas, entre outras, que estejam compreendidas no mesmo grupo ou carreira profissional, conforme o preceituado no nº 3 do aludido artigo. Desta forma, a ordem do empregador é lícita, logo Joana terá que obedecer e cumprir essa instrução, de acordo com o artigo 128º nº 1 e) CT, sob pena de uma eventual responsabilidade disciplinar.

b) Esta situação poder-se-á enquadrar numa das situações em que é possível a transferência do trabalhador para outro local de trabalho, mais concretamente na hipótese prevista na alínea b), do nº 1, do artigo 194º CT: "quando outro motivo do interesse da empresa o exija e a transferência não implique prejuízo sério para o trabalhador". Quanto ao primeiro pressuposto, podemos afirmar que deverá estar em causa uma razão objetiva, sem recurso a critérios arbitrários, para justificar a transferência da trabalhadora para outro estabelecimento. No que diz respeito ao "prejuízo sério", estamos perante um conceito indeterminado e que deverá ser apreciado casuisticamente. Este conceito poderá abranger diversas componentes: a pessoal (em que medida a transferência afetará a vida pessoal e familiar do trabalhador) e mesmo profissional (veja-se o caso em que o trabalhador é transferido para um local com menos probabilidades de progressão na carreira ou para uma zona com menos habitantes e, consequentemente, com menos hipóteses de concluir negócios). Mais consideramos que deverá ser o empregador a perguntar diretamente ao seu trabalhador quais serão os prejuízos que terá com a sua transferência.

Para todos os efeitos, o empregador, por força do já referido artigo 194º, nº 4, deverá pagar as despesas do trabalhador, quer as que resultam do acréscimo dos custos de deslocação, quer as que derivam da mudança de domicílio.

De acordo com os elementos fornecidos no enunciado, a trabalhadora considera que a transferência será uma mudança positiva a nível profissional e, por isso, o facto de o seu namorado residir e trabalhar em Vila Real não obstará à sua transferência. Desta forma, parece-nos que não existirá, nesta situação, prejuízo sério. Como se trata de uma transferência definitiva, o empregador tem que a comunicar ao trabalhador, por escrito e de forma fundamentada, com 30 dias de antecedência, por força do artigo 196º CT. Na verdade, sempre que o trabalhador considerar que terá prejuízo sério com a sua transferência definitiva, poderá resolver o contrato e terá direito a uma compensação, de acordo com o nº 5 daquele artigo. Esta compensação é a prevista no artigo 366º CT, que estipula "12 dias de retribuição base e diuturnidades por cada ano completo de antiguidade"; todavia, temos que ter em conta o regime transitório em caso de cessação de contrato de trabalho sem termo, previsto no artigo 5º da Lei nº 69/2013, de 30 de agosto, que procedeu à quinta alteração ao Código do Trabalho.

c) A "Arte de Escolher" e o Restaurante Sal e Pimenta celebraram um contrato de utilização de trabalho temporário. Este contrato é um contrato de prestação de serviço a termo resolutivo celebrado entre uma empresa de trabalho temporário – a "Arte

de Escolher" e uma empresa utilizadora, neste caso o Restaurante Sal e Pimenta, pelo qual aquela se obriga, mediante retribuição, a ceder ao restaurante uma trabalhadora temporária, de acordo com o artigo 172º c) CT.
d) Lídia poderá ter celebrado dois tipos de contratos com a "Arte de Escolher", empresa de trabalho temporário:
- um contrato de trabalho temporário, pelo qual Lídia se obriga a prestar a sua atividade, mediante retribuição, ao restaurante Sal e Pimenta, de acordo com o artigo 172º a);
- ou um contrato de trabalho por tempo indeterminado para cedência temporária, pelo qual Lídia se obriga a prestar temporariamente a sua atividade a utilizadores, mediante retribuição e nos períodos de em que não se encontra em situação de cedência, a trabalhadora poderá prestar a sua atividade à própria empresa de trabalho temporário, por força dos artigos 172º b) e 184º CT.

CASO Nº 15
TELETRABALHO

Regina Gonçalves celebrou um contrato de trabalho com a Microsoft, no dia 25 de julho de 2013, a fim de desempenhar funções de programadora informática. Todavia, trabalha em casa, recorrendo a tecnologias de informação e de comunicação. *Quid iuris?*

TÓPICOS DE RESOLUÇÃO:

Estamos perante uma relação de trabalho subordinada em regime de teletrabalho. De acordo com o artigo 165º CT têm que estar preenchidos dois requisitos para que se possa falar em teletrabalho subordinado: a prestação laboral tem que ser realizada, de forma habitual, fora das instalações do empregador e, ainda, que haja o recurso a tecnologias de informação e comunicação.

O legislador não prevê apenas o teletrabalho no domicílio: o que interessa é que seja realizado usualmente fora das instalações da entidade empregadora (existem outras modalidades de teletrabalho: móvel, em telecentros e transfronteiriço, para além do domiciliário).

Por sua vez, o trabalhador desenvolverá a sua prestação de trabalho utilizando uma ou várias das seguintes tecnologias: computador; telefone fixo ou telemóvel; internet com ou sem fio; videoconferência, correio eletrónico, *inter alia*. Hoje até é possível fazer uma utilização partilhada de documentos em tempo real e assiste-se ao desenvolvimento e aperfeiçoamento da tecnologia *cloud*, que permite aceder às redes dentro e fora das instalações do empregador.

CASO Nº 16
Trabalho Noturno | Trabalho Suplementar

A Sociedade "Contas em dia, S.A.", com sede em Lisboa, emprega 25 trabalhadores. João António, membro da comissão de trabalhadores da sociedade, é vigilante daquela desde o dia 1 de fevereiro de 2008, e trabalha 8 horas por dia e 40 horas por semana, de segunda a sexta-feira. Atualmente, o trabalhador aufere 800 euros mensais.

a) O horário de trabalho do trabalhador é de segunda a sexta, das 17h à 1h, ininterruptamente. Será João António considerado um trabalhador noturno?

b) O chefe de João António solicita-lhe que no próximo domingo, dia de descanso semanal obrigatório, preste trabalho suplementar. Poderá João António recusar-se a prestar trabalho suplementar?

c) A sua resposta à questão anterior seria a mesma, caso o trabalhador tivesse 16 anos de idade?

d) Quais são os direitos do trabalhador em virtude da prestação de trabalho suplementar? E qual é o valor a que o trabalhador terá direito a receber?

TÓPICOS DE RESOLUÇÃO:

a) João António poderá ou não ser considerado trabalhador noturno. Nos termos do artigo 223º nº 1 CT considera-se trabalho noturno o prestado num período que tenha a duração mínima de sete horas e máxima de onze, todavia terá que compreender o intervalo entre as 0 e as 5 horas. O nº 2 do citado artigo permite aos instrumentos de regulamentação coletiva de trabalho estipular o período de trabalho noturno, desde que observem os pressupostos referidos; e estabelece, ainda, que no caso do instrumento nada determinar sobre esta matéria, aplica-se a seguinte regra: considera-se período de trabalho noturno o compreendido entre as 22 horas de um dia e as 7 horas do dia seguinte. Por sua vez, o artigo 224º nº 1 preceitua que um "trabalhador noturno é o que presta, pelo menos, três horas de trabalho normal noturno em cada dia".
Logo, para que João António seja considerado um trabalhador noturno, o período de trabalho noturno terá que ter o seu início, pelo menos, às 22 horas. Desta forma, a nossa resposta depende do que estiver estabelecido no instrumento de regulamentação coletiva e se o houver. Caso contrário, aplicar-se-á, como referido, a regra supletiva das 22 horas de um dia e as 7 horas do dia seguinte. Se assim for, João António será então considerado trabalhador noturno.

b) João António não pode recusar-se a prestar trabalho suplementar; na verdade é obrigado à sua prestação, a não ser que existam motivos atendíveis e solicite a sua dispensa, de forma expressa, nos termos do artigo 227º nº 3 CT. A doutrina considera que os motivos justificativos das faltas, previstos no artigo 249º nº 2 CT, são aplicáveis neste âmbito, a fim de dispensar o trabalhador da prestação do trabalho suplementar (a não ser que se estivesse perante um dos casos previstos nos artigos 59º, 75º, 88º e 90º nº 6 CT).

c) Se João António tivesse 16 anos de idade seria menor de idade e, como tal, não poderia prestar trabalho suplementar, de acordo com o artigo 75º nº 1 CT, excetuando a situação prevista no nº 2 do mesmo artigo.

E mesmo que João António seja emancipado, uma vez que já tem a idade mínima para casar, de acordo com artigo 1601º a) CC, "a emancipação não prejudica a aplicação das normas relativas à proteção da saúde, educação e formação do trabalhador menor", conforme preceitua o artigo 66º nº 5 CT.

d) João António prestou trabalho suplementar no dia de descanso semanal obrigatório, domingo. Assim, terá direito a um dia de descanso compensatório remunerado, que terá que ser gozado num dos três dias úteis seguintes, por força do artigo 229º nº 4 CT. Terá ainda direito a um acréscimo de retribuição por ter prestado suplementar. Como se trata do dia de descanso semanal obrigatório, aplica-se o acréscimo previsto na alínea b) nº 1 do artigo 268º CT: 50% por cada hora ou fração. Note-se que este artigo foi uma das inúmeras alterações introduzidas ao Código do Trabalho pela Lei nº 23/2012, de 25 de junho; e, mais se acrescenta, que a decisão do Tribunal Constitucional – Acórdão nº 602/2013, publicado no dia 24 de outubro e retificado pelo Acórdão nº 605/2013, não declarou a inconstitucionalidade com força obrigatória geral do artigo 9º, nº 2, da Lei nº 23/2012, na parte em que procedeu à revogação de alguns artigos, entre os quais o referido artigo 268º, nº 1, na redação dada por aquela lei.

Para sabermos qual o valor que o trabalhador terá direito a receber, temos que calcular o valor da retribuição horária. O artigo 271º nº 1 CT estabelece a respetiva fórmula de cálculo: (Rm x 12) : (52 x n); o nº 2 refere que "Rm" é o valor da retribuição mensal e "n" é o período normal de trabalho semanal.

Assim, temos os seguintes cálculos: (800 x 12) : (52 x 40) = € 4,62. João António aufere este valor por cada hora de trabalho e € 36,96 por cada dia de trabalho (4,62 x 8). Tendo trabalhado no domingo 8 horas e tendo em conta o acréscimo de 50% já mencionado, terá que auferir a quantia de € 55,44 [36,96 + (36,96 x 0,50)].

CASO Nº 17
Qualificação do Contrato | Cláusulas Acessórias | Cessação

Carla Teixeira, secretária, celebra com a sociedade "Assessoria de Formação e Consultadoria, S.A.", um contrato, no dia 1 de agosto de 2013. Atente nas seguintes informações:
  i) Carla aufere 800 euros mensais;
  ii) Encontra-se sob a supervisão de Adriana Ferreira, supervisora geral das secretárias;
  iii) O contrato durará enquanto Josefina de Almeida, gravemente doente, não regressar;
  iv) O contrato foi reduzido a escrito.

a) Qualifique o contrato descrito.
b) Suponha que Josefina regressa ao trabalho passados 4 meses, não obstante, Carla continua a trabalhar na empresa. *Quid iuris?*
c) Qual foi a duração do período experimental do contrato celebrado por Carla?
d) Suponha que o contrato não foi reduzido a escrito. *Quid iuris?*
e) Suponha ainda que o contrato caducou com a verificação do termo, sem que o empregador tenha feito qualquer tipo de comunicação relativa à previsão de cessação do contrato. *Quid iuris?* Que direitos assistiriam à trabalhadora, no que diz respeito à compensação por caducidade do contrato?

TÓPICOS DE RESOLUÇÃO:

a)
  i) O facto de Carla auferir retribuição periodicamente é um indício, embora falível, da qualificação do contrato enquanto contrato de trabalho. Na verdade, no contrato de trabalho, nos termos do artigo 11º CT e 1152º CC, tem obrigatoriamente de existir retribuição e no contrato de prestação de serviço poderá existir ou não retribuição, de acordo com o

artigo 1154º CC, muito embora o mais frequente seja a sua existência.

ii) A segunda cláusula contratual permite-nos a qualificação do contrato como contrato de trabalho, uma vez que se verifica um vínculo de subordinação jurídica, característica exclusiva do contrato de trabalho, de acordo com o artigo 11º CT e artigo 1152º CC.

iii) Na terceira cláusula foi aposto um termo resolutivo incerto ao contrato, nos termos do artigo 140º nº 2 a) e nº 3 CT.

iv) O facto de os contraentes terem aposto ao contrato de trabalho um termo resolutivo implica, de facto, a sua redução a escrito, de acordo com o artigo 141º nº 1 CT.
Em jeito de conclusão, o contrato celebrado entre as partes foi um contrato de trabalho a termo resolutivo incerto.

b) Caso a trabalhadora continue a desenvolver a atividade na empresa, à partida, o contrato converte-se em contrato sem termo, segundo o artigo 147º nº 2 c) CT. Temos que considerar duas possíveis situações: havendo comunicação, a que alude o artigo 345º nº 1 CT, o contrato converte-se em contrato sem termo, logo após a data de caducidade referida na comunicação, caso a trabalhadora continue a desenvolver a sua atividade na empresa; não havendo comunicação, o contrato converte-se em contrato sem termo 15 dias após a verificação do termo, se a trabalhadora continuar a trabalhar na empresa.

c) O período experimental teve a duração de 15 dias, nos termos do artigo 112º nº 2 b) CT.

d) Se o presente contrato de trabalho a termo resolutivo não tivesse sido celebrado por escrito, considerar-se-ia um contrato de trabalho sem termo, segundo os artigos 141º nº 1 e 147º nº 1 c) CT.

e) A entidade empregadora deveria ter comunicado com 7 dias de antecedência da verificação do termo a cessação do contrato, nos termos do artigo 345º nº 1 CT. A consequência é a prevista no artigo 345º nº 3, ou seja, o pagamento do período de aviso prévio em falta.

Para além disso, e em virtude da cessação do contrato, a trabalhadora tem direito, em conformidade com o artigo 6º nº 2 da Lei nº 69/2013, de 30 de agosto, à seguinte compensação (tendo em conta que o contrato foi celebrado depois de 1 de novembro de 2011):
- 20 dias de retribuição por cada ano completo de antiguidade em relação à duração do contrato até 30 de setembro de 2013, em conformidade com a alínea a) do referido artigo, ou seja, agosto e setembro – se em 12 meses teria direito a 20 dias de retribuição-base e diuturnidades, em 2 meses tem direito a 3,33 dias de retribuição;
- no que diz respeito ao período de duração do contrato a partir de 1 de outubro, aplicando-se a alínea b) do mesmo artigo e o artigo 345º nº 4 CT, terá direito a 18 dias de retribuição-base e diuturnidades por cada ano completo de antiguidade, ou seja, se a 12 meses correspondem 18 dias de retribuição, a 2 meses correspondem 3 dias de retribuição.

Aplicando o disposto no artigo 6º nº 3 b) da Lei nº 69/2013 e artigo 366º nº 2 c) CT, por remissão do artigo 345º nº 5 CT, se dividirmos 800:30 obtemos o valor da retribuição diária de 26,67 euros.

Desta forma, temos as seguintes contas: (26,67 x 3,33) + (26,67 X 3), o que totaliza a quantia de 168,82 euros, a título de compensação.

CASO Nº 18
Qualificação do Contrato | Cláusulas Acessórias | Cessação | Invalidade

Armando, engenheiro informático, trabalha para a sociedade "Ideias Informáticas, Lda.", com sede em Idanha-a-Nova. O trabalhador:
i) Exerce a atividade de técnico de informática com autonomia técnica;
ii) Aufere a quantia mensal de 1300 euros;

iii) Trabalha sob supervisão de Belmiro, de quem recebe instruções sobre o desenvolvimento das atividades, chefe do departamento de informática e sócio-gerente da empresa;
iv) O contrato não foi reduzido a escrito, contudo foi celebrado pelo período de um ano, por acréscimo da atividade da empresa.

a) Qualifique, fundamentando, o contrato descrito.
b) Suponha que Armando não tinha cédula profissional de engenheiro informático, sabendo que o exercício desta profissão está condicionado à posse da referida cédula, emitida pela Ordem dos Engenheiros. *Quid iuris?* No caso de invalidade do contrato, há alguma possibilidade da sua convalidação?

TÓPICOS DE RESOLUÇÃO:

a)
i) Quanto à primeira cláusula contratual, a autonomia técnica não constitui obstáculo à qualificação jurídica no âmbito laboral e, não equivale à autonomia característica do contrato de prestação de serviço. A autonomia técnica resulta da natureza da própria atividade que se desenvolve e da qualificação do trabalhador. Mesmo que exista autonomia técnica continua a existir contrato de trabalho, por força do preceituado no artigo 116º CT.
ii) No que concerne à segunda cláusula contratual, constatamos que Armando aufere retribuição periodicamente o que representa um indício, embora falível, da qualificação do contrato enquanto contrato de trabalho. Pois, nos termos dos artigos 11º CT, 1152º CC e 1154º CC, a retribuição é elemento obrigatório no contrato de trabalho e eventual no contrato de prestação de serviço;
iii) No que diz respeito à terceira cláusula, verifica-se a existência de um vínculo de subordinação, uma vez que Armando desenvolve a sua atividade sob autoridade de Belmiro. Nos

termos dos artigos 11º CT e 1152º CC, o vínculo de subordinação é o elemento fundamental que permite distinguir contrato de trabalho das figuras afins. Portanto, existindo a referida subordinação jurídica, podemos aferir que estamos na presença de um contrato de trabalho.

iv) Por fim, no que respeita à quarta cláusula, e, constatando o disposto no artigo 110º CT, conclui-se que a inobservância de forma escrita não impede a qualificação do presente contrato como contrato de trabalho, uma vez que a regra geral é a de que o contrato de trabalho não depende da observância de forma especial. Constata-se a inclusão de uma cláusula acessória, em particular de um termo resolutivo certo, com base no artigo 140º nº 2 f) CT. Aparentemente, estaríamos perante um contrato de trabalho a termo resolutivo certo. Não obstante, nos termos do artigo 141º nº 1 CT, exige-se que o contrato de trabalho a termo seja reduzido a escrito. Desta forma, e de acordo com o artigo 147º nº 1 c) CT, considera-se sem termo o contrato em que falte a redução a escrito.

Assim sendo, o contrato em causa é, pelas razões apontadas, um contrato de trabalho sem termo.

b) O contrato seria nulo, nos termos do artigo 117º nº 1 CT. Na hipótese de Armando obter a carteira profissional durante a execução do seu contrato de trabalho, este considera-se convalidado, nos termos do artigo 125º nº 1 CT, desde o início da sua execução.

CASO Nº 19
Cláusulas Acessórias | período experimental | Trabalho Suplementar | Cessação | faltas

Anastácio, mecânico, celebrou com a sociedade "Silva – Reparação de Veículos Automóveis, Lda." um contrato no dia 1 de janeiro de 2014, que duraria enquanto Baldomero, a recuperar de um acidente, não regressasse. O contrato foi reduzido a escrito e Anastácio estaria sob subordinação de Carolino, chefe da oficina. O trabalhador aufere 1000 euros por mês.

a) Se o contrato tivesse previsivelmente a duração de 6 meses qual seria a duração do período experimental?
b) Suponha que num determinado domingo, dia do seu descanso semanal obrigatório, Anastácio trabalha as 8 horas habituais, solicitado por Carolino, face a um acréscimo excecional da atividade laboral. Quais os direitos que assistem ao trabalhador?
c) Se Anastácio tivesse prestado uma jornada laboral completa de 8 horas num feriado, quais os direitos que assistiriam ao trabalhador?
d) Suponha que o contrato celebrado por Anastácio caduca passados 6 meses. Quais os direitos que assistem ao trabalhador?
e) Suponha que o contrato de Anastácio caduca verificado o termo sem que tenha havido qualquer tipo de comunicação por parte do empregador; não obstante, Anastácio continua a desenvolver a sua atividade para a sociedade "Silva – Reparação de Veículos Automóveis, Lda.". *Quid iuris?*
f) O contrato caduca com a verificação do termo sem que o empregador tenha comunicado ao trabalhador a data de previsível de verificação do termo. *Quid iuris?*
g) Suponha ainda que no dia 24 de abril o trabalhador falta injustificadamente. *Quid iuris?*

TÓPICOS DE RESOLUÇÃO:

a) Nesta situação, a duração do período experimental seria de 30 dias, por força do artigo 112º nº 2 a) CT.
b) O trabalhador terá direito a um acréscimo de 50% na retribuição horária, nos termos do artigo 268º nº 1 b) CT; para além disso, por ter prestado trabalho suplementar em dia de descanso semanal obrigatório terá direito, ainda, a um dia de descanso compensatório remunerado, nos termos do artigo 229º nº 4 CT, a gozar num dos três dias úteis seguintes.

c) O trabalhador terá direito a um acréscimo de 50% na retribuição horária, nos termos do artigo 268º nº 1 b) CT. Em situação de empresa não obrigada a suspender o funcionamento no feriado, os direitos do trabalhador seriam os previstos no artigo 269º nº 2 CT.
d) Cessando o contrato, o trabalhador tem direito a uma compensação, nos termos do artigo 345º nº 4 CT, calculada de acordo com o artigo 366º CT, por força do artigo 345º nº 5, ou seja, 9 dias de retribuição – se em 12 meses teria direito a 18 dias, em 6 meses tem direito a 9. Desta forma, e aplicando o artigo 366º nº 2 c) CT, Arnaldo aufere 33,33 euros por dia (1000:30), logo a sua compensação terá o valor de 299,97 euros (33,33 x 9).

O trabalhador terá ainda direito a 12 dias de férias remuneradas, nos termos do artigo 239º nº 1 CT; se não as gozar, terá direito a receber os proporcionais da retribuição de férias (6/12 de 1000, que totaliza 500 euros), por força do artigo 245º nº 1 b) CT. Quanto ao subsídio de férias, terá direito a receber os respetivos proporcionais (6/12 de 1000) por força do artigo mencionado; e, ainda, nos termos do artigo 263º 2 b), aos proporcionais ao tempo de serviço prestado no ano em que cessou o contrato, referentes ao subsídio Natal (também 6/12 de 1000).
e) Nos termos do artigo 147º nº 2 c) CT, o contrato converte-se em contrato sem termo 15 dias após a verificação do termo. Durante esses 15 dias existe uma relação laboral de facto e não de direito.
f) O empregador deveria ter comunicado com uma antecedência de 7 dias a cessação do contrato de trabalho a termo incerto, em conformidade com o artigo 345º nº 1 CT. Na falta de comunicação, e como o contrato a termo resolutivo incerto não se renova, o empregador ficará obrigado a pagar ao trabalhador o montante equivalente ao período de pré-aviso em falta, nos termos do artigo 345º nº 3 CT.
g) Se o trabalhador faltou injustificadamente ao trabalho no dia 24 de abril, estamos perante uma violação do dever de assiduidade, constituindo uma infração disciplinar grave, de acordo

com o artigo 256º nº 1 e nº 2 CT, uma vez que se trata de uma falta a um dia anterior a um feriado, dia 25 de abril. Desta forma, o trabalhador perde a retribuição relativa ao dia, bem como a retribuição relativa ao feriado, por força do nº 3 daquele artigo.

CASO Nº 20
Cláusulas Acessórias | Trabalho Suplementar | Cessação

Arnaldo foi contratado pela sociedade "Carpintaria ao milímetro, Lda.", no dia 1 de janeiro de 2014, para desenvolver a atividade de carpinteiro. O trabalhador recebe 800 euros por mês e está sob a supervisão de Bernardo. O contrato foi reduzido a escrito e celebrado pelo período de 11 meses, com vista à substituição de Carlos, que se encontra no gozo de uma licença sem retribuição pelo período referido.
a) Caso o contrato de trabalho cesse decorridos os 11 meses, que direitos assistem ao trabalhador?
b) Imagine que 12 dias antes de terminar o contrato, Bernardo comunica a Arnaldo por escrito a vontade de não renovação do contrato. *Quid iuris?*
d) Suponha que Arnaldo presta duas horas de trabalho suplementar, num dia útil de trabalho. Que direitos lhe assistem?
e) Imagine que o contrato não tinha sido reduzido a escrito. *Quid iuris?*

TÓPICOS DE RESOLUÇÃO:

a) O trabalhador terá direito a uma compensação se a caducidade do contrato de trabalho a termo decorrer de declaração do empregador, por força do artigo 344º nº 2 CT, calculada nos termos do artigo 366º CT. Esta compensação corresponde a 18 dias de retribuição-base e diuturnidades por cada ano completo de antiguidade; assim, se em 12 meses teria direito a

18 dias, em 11 meses terá direito a 16,5 dias. Desta forma, e aplicando o artigo 366º nº 2 c) CT, Arnaldo aufere 26,67 euros por dia (800:30), logo a sua compensação terá o valor de 440,06 euros (26,67 x 16,5).
Arnaldo terá direito, igualmente, a 20 dias de férias remuneradas, nos termos do artigo 239º nº 1 CT. Se não gozar estes dias de férias terá direito a receber de forma proporcional a retribuição de férias (11/12 de 800, que totaliza a quantia de 733,33 euros), bem como do subsídio de férias (11/12 de 800), nos termos do artigo 245º nº 1 b) CT; bem como, por força do artigo 263º nº 2 b) CT, o mesmo montante referente aos proporcionais do subsídio de Natal (11/12 de 800).

b) O empregador deveria ter manifestado a vontade de não renovação do contrato com o mínimo de 15 dias de antecedência da verificação do termo, de acordo com o artigo 344º nº 1 CT; não o tendo feito, o contrato renova-se por igual período, por força do artigo 149º nº 2 CT.

c) Nos termos do artigo 268º nº 1 a) CT, na primeira hora de trabalho suplementar teria direito a um acréscimo de 25% e na segunda hora, um acréscimo de 37,5%. Para calcular o valor há que recorrer à formula prevista no artigo 271º CT, ou seja, (800 x 12) : (52 x 40), o que totaliza 4,62 euros por hora. Desta forma, na primeira hora de trabalho suplementar o trabalhador teria direito à retribuição de 4,62 euros acrescidos de 25% (5,78 euros) e na segunda 4,62 euros acrescidos de 37,5% (6,35 euros).

d) Na hipótese de o contrato de trabalho a termo resolutivo certo não ter sido celebrado por escrito, considera-se que estamos perante um contrato de trabalho sem termo, nos termos dos artigos 141º nº 1 e 147º nº 1 c) CT.

CASO Nº 21
Qualificação do Contrato | Cláusulas Acessórias | Cessação

Filipa Pimenta e Joel Anjos constituíram uma sociedade por quotas, cujo objeto social é o fabrico e comercialização de deli-

ciosas alheiras. A sociedade iniciou a sua atividade a 2 de janeiro de 2013.
a) Cristiana Saldanha e Francisco Fraga celebraram com a sociedade um contrato de trabalho a termo certo pelo prazo de um ano. É possível? Qual terá sido o motivo justificativo para estas contratações? Qual é a duração máxima destes contratos?
b) Suponha que o contrato de trabalho a termo certo foi celebrado no dia 2 de janeiro de 2013 pelo prazo de um ano, e que o empregador, 15 dias antes de o prazo expirar, comunica a Francisco a vontade de fazer cessar o contrato. Este terá direito a receber a compensação por caducidade? Em caso afirmativo, qual o seu valor, sabendo que aufere mensalmente a quantia de 1000 euros?

TÓPICOS DE RESOLUÇÃO:

a) Sim, é possível Cristiana e Francisco terem celebrado com a sociedade um contrato de trabalho a termo resolutivo certo, de acordo com o artigo 140º nº 4 a) CT, uma vez que a sociedade se encontrava no início da sua atividade. Nesta situação, a duração máxima destes contratos será de dois anos, por força do artigo 148º nº 1 b) CT, muito embora a Lei nº 76/2013, de 7 de novembro, permita que todos os contratos de trabalho a termo certo que, até dois anos após a entrada em vigor da referida lei (dia 8 de novembro de 2013), atinjam os limites máximos de duração estabelecidos no artigo 148º CT ou na Lei nº 3/2012, de 10 de janeiro, sejam alvo de duas renovações extraordinárias. Note-se que a duração total das renovações não poderá exceder 12 meses, e cada renovação extraordinária não poderá ser inferior a um sexto da duração máxima do contrato de trabalho a termo certo ou da sua duração efetiva, consoante a que for inferior, conforme o disposto no artigo 2º da mencionada Lei nº 76/2013. Concluindo, este contrato caducaria passados dois anos após a data da sua celebração; todavia, de acordo com a Lei 76/2013, de 7 de novembro, poderá, então, perdurar mais um ano.

b) Francisco terá direito a receber a compensação por caducidade, uma vez que o contrato caducou por iniciativa do empregador, conforme o preceituado no artigo 344º nº 2 CT: 18 dias de retribuição-base e diuturnidades por cada ano completo de antiguidade, calculada nos termos do artigo 366º CT. Nesta situação, para calcular a compensação, temos que aplicar o regime transitório estabelecido no artigo 6º da Lei nº 69/2013, de 30 de agosto.

Nesta situação em concreto, aplicamos o nº 2 do artigo 6º da lei referida, uma vez que se trata de um contrato de trabalho a termo certo celebrado depois de 1 de novembro de 2011 e até 30 de setembro de 2013.

Assim, temos que aplicar as seguintes regras, de acordo com o artigo referido:
"a) Em relação ao período de duração do contrato até 30 de setembro de 2013, o montante da compensação corresponde a 20 dias de retribuição base e diuturnidades por cada ano completo de antiguidade ou é calculado proporcionalmente em caso de fração de ano;
b) Em relação ao período de duração do contrato a partir de 1 de outubro de 2013 inclusive, o montante da compensação corresponde à soma dos seguintes montantes:
  i) A 18 dias de retribuição base e diuturnidades por cada ano completo de antiguidade, no que respeita aos três primeiros anos de duração do contrato;
  ii) A 12 dias de retribuição base e diuturnidades por cada ano completo de antiguidade, nos anos subsequentes;
  iii) O disposto na subalínea i) aplica-se apenas nos casos em que o contrato de trabalho, a 1 de outubro de 2013, ainda não tenha atingido a duração de três anos".

O contrato teve a duração de 12 meses, em que nove meses são calculados, de acordo com a alínea a) e três meses, de acordo com a alínea b). Há que atentar ainda em todas as alíneas do nº 4 do artigo 6º da mencionada lei; destacamos a sua alínea b) que refere que "o valor diário de retribuição base e diuturnidades é o resultante da divisão por 30 da retribuição base mensal e diuturnidades".

O valor diário da retribuição base terá, então, o valor de € 33,33 (1000:30). Relativamente aos primeiros 9 meses, temos 15 dias em causa (se em 12 meses temos 20 dias, em 9 meses teremos x), o que perfaz o valor de 499,95 euros; no que se refere aos 3 meses restantes, temos 4,5 dias (se em 12 meses temos 18 dias, em 3 meses teremos x), o que dá a quantia de 149,99 euros.

Concluindo, o valor da compensação por caducidade do contrato de trabalho a termo resolutivo certo totaliza a quantia de 649,94 euros.

CASO Nº 22
Cessação | Garantias de Créditos do Trabalhador

César Araújo, trabalhador da "Energia Fantástica, S.A.", gozou 22 dias úteis de férias em agosto de 2013. O seu contrato de trabalho cessou no dia 30 de setembro de 2013, por motivo de reforma por velhice. O trabalhador auferia mensalmente € 1125 de retribuição base e € 75 respeitantes ao subsídio de turno e trabalhava 8 horas diárias e 40 horas semanais.

a) Qual foi a causa de cessação do contrato de trabalho?
b) O trabalhador pretende saber se, por força da cessação do contrato de trabalho, detém quaisquer créditos sobre a respetiva entidade empregadora. Elucide-o, apresentando os respetivos valores.
c) Até quando poderá o trabalhador reclamar os seus créditos?

TÓPICOS DE RESOLUÇÃO:

a) O contrato de trabalho de César caducou com a sua reforma por velhice, de acordo com o artigo 343º c) CT.
b) Há que atentar nos efeitos da cessação do contrato de trabalho no direito a férias consagrados no artigo 245º nº 1 b) CT. Nesta situação não iremos aplicar a alínea a) do referido artigo, uma

vez que o trabalhador já gozou em 2013 as férias do trabalho prestado em 2012. Assim, César terá direito a receber a retribuição de férias e respetivo subsídio proporcionais ao tempo de serviço que foi prestado no ano em que o contrato cessou: neste caso, César trabalhou 9 meses no ano de 2013.

Outra questão prende-se com o valor da retribuição de férias e do subsídio de férias, consagrados no artigo 264º nº 1 e nº 2 CT, respetivamente. No que respeita ao valor da retribuição do período de férias, o legislador estatui que "a retribuição do período de férias corresponde à que o trabalhador receberia se estivesse em serviço efetivo". Logo os € 75 referentes ao subsídio de turno faziam parte da retribuição do trabalhador, uma vez que se tratava de uma prestação certa, regular e periódica, integrando-se assim no conceito de retribuição, conforme o preceituado no artigo 258º nº 2. Já no que respeita ao valor do subsídio de férias, o nº 2 do artigo 264º refere que este compreende "a retribuição base e outras prestações retributivas que sejam contrapartida do modo específico da execução do trabalho". Parece-nos que o subsídio de turno tem a ver com a forma como o trabalhador executa a sua atividade, e assim sendo também integrará o valor do subsídio de férias.

Relativamente aos cálculos temos então: 9/12 x 1200 (proporcionais da retribuição das férias não gozadas) e mais ainda 9/12 x 1200 (proporcionais do subsídio de férias). De facto, César trabalhou nove meses no ano de 2013; as férias do trabalho prestado no ano de 2013 vencer-se-iam no dia 1 de janeiro de 2014, nos termos do artigo 237º nº 1 CT, todavia, o contrato de trabalhou cessou antes. Concluindo, o trabalhador terá direito a receber o valor de € 900 mais € 900, o que totaliza a quantia de € 1800.

Para além dos efeitos da cessação do contrato de trabalho no direito a férias, temos que ter em conta os cálculos relativos ao subsídio de Natal. Neste caso, o valor deste subsídio terá que ser, de igual modo, proporcional ao tempo de serviço prestado no ano de cessação, por força do artigo 263º nº 2 b) CT. De acordo com o nº 1 do mesmo artigo, o subsídio de Natal é de valor igual a um mês de retribuição (a lei fala em retribuição e não em retribuição base; logo vamos fazer os cálculos com os € 1200). Assim, temos: 9/12 x 1200, o que totaliza a quantia de € 900 relativos aos proporcionais do subsídio de Natal.

O enunciado não nos faculta este dado, mas não nos podemos esquecer do artigo 134º CT que refere que uma vez cessado o contrato de trabalho, "o trabalhador tem direito a receber a retribuição correspondente ao número mínimo anual de horas de formação que não lhe tenha sido proporcionado, ou a crédito de horas para formação de que seja titular à data da cessação".

c) O trabalhador tem o prazo de um ano a contar do dia seguinte àquele em que cessou o contrato de trabalho para reclamar os seus créditos, sob pena de prescrição, de acordo com o preceituado no artigo 337º nº 1 CT.

CASO Nº 23
Cláusulas Acessórias

Nelson Mesquita, informático, celebrou um contrato de trabalho a termo resolutivo certo, pelo prazo de 6 meses, com a sociedade "Impressões a todo o Gás, Lda.", com a categoria profissional de "técnico de informática". A justificação da contratação de António deveu-se a uma suposta substituição da trabalhadora Filipa Rodrigues, que, não obstante, continuou a trabalhar na empresa.

Passados 40 dias, Nelson descontente com o ambiente de trabalho decide comunicar ao empregador que já não pretende continuar a trabalhar na empresa e que no dia seguinte já não contasse com ele. O empregador descontente com a situação, solicita o seu aconselhamento jurídico. *Quid iuris?*

TÓPICOS DE RESOLUÇÃO:

A justificação do termo pretende iludir a aplicação das disposições relativas ao contrato de trabalho por tempo indeterminado ou sem termo. Considera-se, portanto, o contrato celebrado por tempo indeterminado, de acordo com o artigo 147º nº 1 a) CT. Assim sendo, nos termos do artigo 112º nº 1 a) CT, a duração do período experimental, neste caso, seria de 90 dias, pelo que, como apenas passaram 40 dias, o trabalhador pode, nos termos do artigo 114º nº 1º CT, denunciar o contrato sem qualquer aviso prévio.

CASO Nº 24
Cessação | Férias

Responda às seguintes questões:
a) Suponha que um trabalhador é contratado no dia 1 de fevereiro de 2012. O seu contrato cessou no dia 31 de maio do ano seguinte. Quais os direitos que lhe assistiram desde o início do contrato até à sua cessação, no que respeita aos dias de férias retribuídas, subsídios de férias e de Natal?
b) Imagine que um trabalhador é contratado por tempo indeterminado no dia 1 de julho de 2012. No dia 1 de janeiro do ano civil seguinte o trabalhador, sem nunca ter gozado férias, pretende saber a quantos dias úteis tem direito a gozar nesse ano. Qual o subsídio de férias a que o trabalhador teria direito em 2013?

TÓPICOS DE RESOLUÇÃO:

a) O trabalhador teria direito, no que se refere ao ano da contratação, a 20 dias úteis de férias retribuídas, nos termos do artigo 239º nº 1 CT, 11/12 da retribuição referente a subsídio de férias e, ainda, 11/12 da retribuição referente ao subsídio de Natal (artigos 245º nº 1 a), 264º e 263º nº 2 a) CT).

Já no que respeita ao ano da cessação, o trabalhador teria direito a 5/12 a título de retribuição de férias, em proporção ao tempo de serviço no ano da cessação, de acordo com os artigos 245º nº 1 b) e 245º nº 3 CT e a 5/12 da retribuição referente a subsídio de férias, nos termos dos artigos 245º nº 1 b) e 264º CT; e, ainda, a 5/12 da retribuição referente a subsídio de Natal, por força do artigo 263º nº 2 b) CT.

b) Como o contrato é por tempo indeterminado, previsivelmente não se aplica a regra do artigo 245º nº 3 CT, uma vez que, em princípio, o contrato não cessará no ano seguinte. Portanto, referente ao ano da contratação, o trabalhador terá direito a 12 dias úteis de férias, por aplicação do disposto no artigo 239º nº 1 CT, que se vencem passados 6 meses e podem ser gozados até 30 de junho do ano seguinte. No dia 1 de janeiro vencem-se mais 22 dias úteis, referentes ao trabalho prestado no ano anterior, por força do artigo 237º nº s 1 e 2 e 238º nº 1 CT. À partida, o trabalhador teria direito a 34 dias úteis de férias no ano de 2013; não obstante, nos termos do artigo 239º nº 3 CT, o número de férias referido é reduzido a 30 dias, sem prejuízo da retribuição dos restantes 4 dias.

No que respeita ao valor do subsídio de férias, o trabalhador teria direito a 6/12 da retribuição, referente a subsídio de férias, no ano de 2013, uma vez que este se reporta ao trabalho prestado no ano anterior, em 2012.

CASO Nº 25
ENCERRAMENTO TEMPORÁRIO

O proprietário do café "Alameda" decide encerrar durante 2 meses, para fazer obras de remodelação do estabelecimento. Maria Abrunhosa e Aline Delgado, trabalhadoras do café há mais de 10 anos, pretendem saber quais as consequências de tal decisão na relação contratual.

TÓPICOS DE RESOLUÇÃO:

O contrato de trabalho de Maria e Aline fica suspenso por facto respeitante ao empregador. A lei divide as situações de crise empresarial (artigos 298º a 308º CT) e encerramento e diminuição temporários de atividade (artigos 309º a 316º CT). Nesta situação está em causa um encerramento temporário, que nada tem a ver com uma situação de crise empresarial. Mais acrescentamos que se trata de um encerramento temporário por motivo de interesse do empregador, previsto no artigo 311º CT. Maria e Aline podem ficar descansadas, uma vez que nestas situações têm direito à totalidade da retribuição, conforme dispõe o artigo 309º nº 1 b) CT.

CASO Nº 26
Transferência de local de trabalho | Isenção de horário | Poder disciplinar | Cessação

Daniela da Silva foi contratada para exercer funções de caixa no hipermercado Elefante, situado em Braga. As partes reduziram o contrato de trabalho sem termo a escrito, constando, entre outras, as seguintes cláusulas:
I) A trabalhadora exercerá a sua atividade no estabelecimento em Braga, tendo o empregador a faculdade de a poder transferir para os estabelecimentos que possui em Guimarães ou em Barcelos;
II) A trabalhadora ficará isenta de horário de trabalho, sem prejuízo do gozo do descanso semanal ao sábado e ao domingo.

a) Pronuncie-se sobre a validade das aludidas cláusulas contratuais.
b) Suponha que Daniela furtou quantias de pequena importância da caixa entre fevereiro e agosto de 2013. O empregador tomou conhecimento desses factos no dia 17 em setembro de 2013. Suponha que o empregador tomou conhecimento da prática da infração apenas em setembro de 2014. *Quid iuris?*

c) Suponha, ainda, que as instalações do hipermercado em que Daniela trabalhava vieram a ser totalmente destruídas por um grande incêndio, provocado por uma violenta trovoada. O empregador invoca que, neste contexto, haverá lugar para um despedimento por extinção do posto de trabalho. Daniela tem dúvidas. *Quid iuris*?

TÓPICOS DE RESOLUÇÃO:

a) Relativamente à primeira cláusula, o artigo 194º nº 1 CT estabelece, de forma taxativa, os casos em que o empregador poderá transferir o trabalhador para outro local de trabalho. Todavia, esta cláusula é válida, por força do artigo 194º nº 2 CT, que estipula que "as partes podem alargar ou restringir o disposto" no nº 1; todavia este acordo "caduca ao fim de dois anos se não tiver sido aplicado".
No que concerne à segunda cláusula, só poderão ser isentos de horário de trabalho, os trabalhadores que estejam numa das situações previstas no artigo 218º nº 1 a), b) ou c) CT. É certo que por força do nº 2 do mesmo artigo, o instrumento de regulamentação coletiva de trabalho poderá prever outras situações, todavia, ao que sabemos, não é comum tal acontecer. Analisando as três alíneas do nº 1 daquele artigo, parece-nos que a atividade exercida por Daniela não se "encaixa" em nenhuma das alíneas; logo, a trabalhadora não poderá ter isenção de horário de trabalho e, assim sendo, esta cláusula será nula.

b) O procedimento disciplinar, por força do artigo 329º nº 2 CT, deverá iniciar-se nos 60 dias seguintes àquele em que o empregador teve conhecimento da infração, ou seja, no dia 17 de setembro de 2013. Todavia, temos que conciliar esta regra com a do nº 1 do mesmo artigo, que refere que "o direito de exercer o poder disciplinar prescreve um ano após a pática da infração", a não ser que o facto constitua crime. Na verdade, a trabalhadora praticou um ilícito disciplinar e um ilícito criminal; Daniela praticou o crime de furto, previsto no artigo 203º do Código Penal. Este artigo prevê o seguinte: "quem, com ilegítima intenção de apropriação para si ou para outra pessoa, subtrair coisa móvel alheia, é punido com pena de prisão até três anos ou com pena de multa". Assim sendo, aplica-se, neste caso, o artigo 118º nº 1 c) que estipula que o procedimento criminal prescreve, logo que sobre a prática do crime tiverem decorrido o prazo de cinco anos, uma vez que se trata de um crime cujo limite máximo é igual ou superior a um ano, mas inferior a cinco.

Em jeito de conclusão, quer o empregador tome conhecimento em setembro de 2013, quer seja em setembro de 2014, o direito de exercer o poder disciplinar ainda não prescreveu face ao referido anteriormente, muito embora o procedimento disciplinar, como referimos, tenha que ser exercido nos 60 dias subsequentes àquele em que a entidade empregadora teve conhecimento da prática da infração.

c) Não nos parece que o empregador possa invocar um despedimento por extinção do posto de trabalho, uma vez que para tal acontecer a extinção tem que ser devida a motivos de mercado, estruturais ou tecnológicos, conforme o preceituado no artigo 367º CT.

Na verdade, poderá ser colocada a hipótese de suspensão dos contratos de trabalho, uma vez que poderá estar em causa um encerramento temporário devido a um caso de força maior. Neste caso, o contrato de Daniela ficará suspenso e terá direito ao pagamento de 75% da sua retribuição, por força do artigo 309º nº 1 a) CT. Ainda poderá ser equacionada a hipótese de estarmos perante uma impossibilidade superveniente, absoluta e definitiva de o empregador receber a atividade e/ou disponibilidade do trabalhador, de acordo com o artigo 343º b) CT; e assim sendo, o contrato de trabalho poderá caducar.

CASO Nº 27
PODER DISCIPLINAR | PROCEDIMENTO DISCIPLINAR

Catarina Mesquita, trabalhadora da sociedade "Monitores de Gestão, Consultadoria, S.A.", no dia 20 de maio de 2012, desobedece a uma ordem direta de Marllene Camelo, sua superiora hierárquica, prejudicando gravemente a empresa.

a) Por quem deverá ser instaurado o procedimento disciplinar?
b) O empregador tomou conhecimento da prática da infração no dia 22 de maio, instaurando o respetivo procedimento disciplinar no dia 25 de julho. *Quid iuris*?
c) Suponha que o empregador apenas tomou conhecimento da infração no dia 21 de maio de 2013. De quanto tempo dispunha para instaurar o procedimento?
d) Suponha ainda que é deduzida acusação contra Catarina. De quanto tempo dispõe esta para apresentar a sua defesa?
e) Suponha que no final do procedimento, o empregador decide dar Catarina como culpada, aplicando-lhe duas sanções disciplinares, despedimento e sanção pecuniária, pela prática da mesma infração. *Quid iuris*?
f) De quanto tempo dispõe o empregador para aplicar a sanção disciplinar depois de proferida a decisão condenatória?

TÓPICOS DE RESOLUÇÃO:

a) O procedimento disciplinar poderá ser instaurado pelo empregador ou qualquer superior hierárquico do trabalhador, nos termos estabelecidos pelo empregador, conforme refere o artigo 329º nº 4 CT.
b) Nesta situação, prescreveu o direito a instaurar o procedimento, uma vez que passaram 60 dias a contar do conhecimento da prática da infração, em conformidade com o artigo 329º nº 2 CT.
c) O empregador não poderá instaurar o procedimento disciplinar, uma vez que decorreu um ano desde a prática da infração e a mesma prescreveu (artigo 329º nº 1 CT).

d) Catarina terá 10 dias úteis para apresentar a sua defesa, nos termos do artigo 355º nº 1 CT.
e) O empregador de Catarina não poderá fazer tal, uma vez que, segundo o artigo 330º nº 1 CT, não poderá ser aplicada mais do que uma sanção pela prática da mesma infração.
f) O empregador, depois de proferida a decisão condenatória, dispõe de 3 meses para aplicar a sanção disciplinar, de acordo com o artigo 330º nº 2 CT, sob pena de caducidade.

CASO Nº 28
PODER DISCIPLINAR | PROCEDIMENTO DISCIPLINAR | DESPEDIMENTO

Julieta Pestana trabalhou durante muitos anos para a "Hércules – Serviços e Tecnologia de Segurança, S.A." como secretária de Vânia Freitas, uma das administradoras da sociedade. Tendo sido instaurado o respetivo procedimento disciplinar, Julieta foi despedida, no dia 30 de setembro de 2012, por ter divulgado junto dos restantes trabalhadores uma lista provisória dos trabalhadores que os administradores da empresa consideravam "dispensáveis". Julieta, tendo acesso ao *e-mail* de Vânia, reencaminhou-o para variados colegas de trabalho, alguns dos quais constavam da referida lista. *Quid iuris?*

TÓPICOS DE RESOLUÇÃO:

Julieta praticou uma infração disciplinar, violando elementares deveres aos quais estava adstrita. Desde logo, não deveria ter divulgado informações confidenciais, de acordo com o artigo 128º nº 1 f) CT, aproveitando-se da sua função de confiança em relação a Vânia, administradora da sociedade. Imagine-se a ansiedade e a angústia dos trabalhadores que constavam da lista provisória ao ler o *e-mail* reencaminhado por Julieta.

Parece-nos, assim, estar em causa um comportamento culposo da trabalhadora, que pela sua gravidade e consequências, tornou imediata e praticamente impossível a manutenção daquela relação laboral. Desta forma, estamos perante uma justa causa de despedimento, nos termos da cláusula geral prevista no artigo 351º nº 1 CT. Um despedimento por iniciativa do empregador por facto imputável ao trabalhador não necessita apenas de uma razão, mas também de um procedimento disciplinar, o qual, de acordo com o enunciado, foi observado pelo empregador (artigos 353º a 358º CT).

CASO Nº 29
Poder disciplinar | Procedimento disciplinar

Almerindo Silva celebrou um contrato de trabalho sem termo, verbalmente, com o proprietário da pastelaria "Bolo Bom, Bonito e Barato", Fernando Reis, no dia 29 de junho de 2002, a fim de desempenhar as funções de empregado de mesa. Auferia a quantia de 550 euros mensais acrescidos de, em média, 100 euros em gorjetas dadas pelos clientes da pastelaria. O horário de trabalho era de segunda a sábado das 14h às 20h. No início de setembro de 2013 e após diversos cursos de formação profissional realizados por Almerindo na arte de pasteleiro, Fernando decidiu promovê-lo a chefe de mesa, passando a auferir 750 euros mensais. Contudo, durante esse mês, em dois fins-de-semana consecutivos, Fernando encontrou Almerindo a fumar haxixe, na discoteca da cidade. Fernando decidiu diminuir a retribuição a Almerindo, a título de sanção disciplinar. *Quid iuris?*

TÓPICOS DE RESOLUÇÃO:

O contrato de trabalho sem termo ou por tempo indeterminado não carece de forma escrita, uma vez que vigora o princípio da consensualidade, previsto no artigo 110º CT. Cabe ao empregador e trabalhador determinar por acordo a atividade para que este é contratado, nos termos do artigo 115º nº 1 CT.

A retribuição mensal do trabalhador compreendia os € 550, por força do artigo 258º CT; por sua vez, as gorjetas, logicamente, não fazem parte da retribuição.

O horário de trabalho não excede os limites máximos do período normal de trabalho, nos termos do artigo 203º nº 1 CT: o trabalhador trabalha 6 horas por dia, 6 dias por semana, o que totaliza 36 horas semanais. Álvaro tem direito a um dia de descanso por semana: o domingo, respeitando a regra prevista no artigo 232º nº 1 CT.

O empregador deve proporcionar ao trabalhador formação profissional, nos termos previstos nos artigos 130º a 134º CT.

Pode questionar-se se pelo facto de o trabalhador fumar haxixe, este comportamento constituirá uma infração disciplinar. A nosso ver, trata-se de um conduta praticada fora do horário e do local de trabalho; logo o empregador não poderá utilizar este comportamento para justificar o exercício do poder disciplinar. E mesmo que assim não se entendesse, não poderia diminuir a retribuição a Álvaro, a título de sanção disciplinar. As sanções disciplinares são as previstas no artigo 328º nº 1, mas poderão existir outras. O nº 2 do mesmo artigo estipula que o instrumento de regulamentação coletiva poderá prever outras sanções, todavia não poderão prejudicar os direitos e garantias dos trabalhadores. Ora neste caso, diminuir a retribuição é violar a garantia do trabalhador prevista no artigo 129º nº 1 d) CT. Trata-se assim da aplicação por parte do empregador de uma sanção abusiva a Álvaro, nos termos do artigo 331º nº 1 d) CT, podendo, inclusive, o trabalhador resolver o contrato de trabalho, nos termos do artigo 394º nº 2 c) CT.

CASO Nº 30
ILICITUDE DO DESPEDIMENTO

Fábio Correia, trabalhador da sociedade "Terra, Arquitetura, Lda.", presta a sua atividade de secretário, de forma diligente, há vários anos para esta empresa. Por ser extremamente bem-parecido, a mulher do sócio-gerente, Vânia Sofia, apaixona-se loucamente por ele, facto que Fábio sempre ignorou. Pedro Lopes, o sócio-gerente, tomando conhecimento da situação, comunica a Fábio que está despedido sem qualquer direito. *Quid iuris?*

TÓPICOS DE RESOLUÇÃO:

O despedimento é ilícito segundo o artigo 381º c) CT, por não ter sido precedido do procedimento disciplinar respetivo. Mesmo que tivesse sido precedido de procedimento válido, o despedimento seria igualmente ilícito, com base nos artigos 381º b) e 351º nº 1 CT, uma vez que não há qualquer comportamento de Fábio que constitua justa causa de despedimento.

O trabalhador poderá suspender o despedimento, nos termos do artigo 386º CT e opor-se a esse mesmo despedimento, segundo o artigo 387º nº s 1 e 2 CT. Quando aos efeitos da ilicitude do despedimento, aplicamos os artigos 389º a 392º CT. Ou seja, tem a direito a indemnização nos termos do artigo 389º e compensação referida no artigo 390º CT. Por sua vez, caso o trabalhador opte pela não reintegração tem ainda direito a indemnização fixada segundo o artigo 391º. O empregador pode ainda pedir ao tribunal que exclua a reintegração verificadas as circunstâncias do artigo 392º nº 1 CT, exceto nas situações previstas no nº 2 do mesmo artigo. Caso o tribunal aceda ao pedido do empregador, o trabalhador tem direito à indemnização prevista no nº 3 do artigo 392º CT.

CASO Nº 31
Despedimento

Carla Seixas e Telma Salgueiro são trabalhadoras da sociedade "Edredons Quentes, S.A.", uma empresa com 18 trabalhadores. Carla foi contratada há quatro anos e Telma há mais de cinco e trabalham na mesma secção. O empregador pretende fazer cessar os contratos de trabalho das duas trabalhadoras, com fundamento no encerramento daquela secção. *Quid iuris?*

TÓPICOS DE RESOLUÇÃO:

A questão principal é sabermos se estamos perante um despedimento coletivo ou um despedimento por extinção de posto de trabalho. Os fundamentos para ambas as modalidades são os mesmos, apenas difere quanto ao número de trabalhadores a despedir, tendo em conta o tipo de empresa em causa.

Em primeiro lugar, a sociedade "Edredons Quentes, S.A." é uma pequena empresa, uma vez que emprega 18 trabalhadores. Nos termos do artigo 100º nº 1 b) CT, uma pequena empresa é aquela que emprega de 10 a menos de 50 trabalhadores. E da leitura da noção de despedimento coletivo consagrada no artigo 359º nº 1 CT, estamos perante a cessação de contratos de trabalho promovida pelo empregador, neste caso simultaneamente, que abrange pelo menos, dois trabalhadores em caso de microempresa ou de pequena empresa, como é o caso. Nesta situação a cessação dos contratos fundamenta-se no encerramento de uma secção. Deverá ser observado um procedimento, previsto nos artigos 360º a 363º CT e aos trabalhadores deverão ser assegurados os direitos consagrados nos artigos 364º, 365º e 366º CT.

CASO Nº 32
DENÚNCIA | ABANDONO DO TRABALHO

Vânia Martins era trabalhadora da sociedade "Dormir à Sombra, Lda." há mais de 10 anos. Contudo, a trabalhadora foi escolhida para trabalhar na sociedade "Colchões à medida, S.A.", a qual ofereceu à trabalhadora o dobro da retribuição auferida na sociedade "Dormir à Sombra, Lda.", representada pela sócia Carina Sousa. Vânia iniciou funções no novo empregador, há mais de um mês, sem nada dizer à sua antiga entidade empregadora. *Quid iuris?*

TÓPICOS DE RESOLUÇÃO:

Estamos perante a figura do "abandono do trabalho", por força do disposto no artigo 403º nº 1, nº 2 e nº 3 CT. A consequência é a prevista no artigo 403º nº 5 CT, que remete para o artigo 401º CT, isto é, Vânia deveria ter denunciado o contrato com o mínimo de 60 dias de antecedência, nos termos do artigo 400º nº 1 CT, uma vez que tem mais de dois anos de antiguidade e o seu contrato é por tempo indeterminado. Assim sendo, fica obrigada ao pagamento relativo ao período de aviso prévio em falta, equivalente à sua retribuição-base e diuturnidades, bem como a indemnizar a sociedade "Dormir à Sombra, Lda.", pelos danos causados, de acordo com o artigo 401º CT.

CASO Nº 33
RESOLUÇÃO DE CONTRATO DE TRABALHO PELO TRABALHADOR

Vanessa Cardoso trabalha na Livraria "Portucale" há mais de 17 anos e encontra-se sem receber há dois meses e meio. Desolada, pergunta ao empregador qual é a razão pelo atraso no pagamento da sua retribuição e fica surpreendida com a resposta, uma vez que lhe responde que tinha comprado um carro de luxo. Irritada, Vanessa pretende agir legalmente. *Quid iuris?*

TÓPICOS DE RESOLUÇÃO:

O comportamento do empregador constitui justa causa de resolução por parte do trabalhador, segundo o artigo 394º nº 1, nº 2 a) e nº 5 CT. Quanto ao procedimento para a resolução do contrato é o previsto no artigo 395º CT. Desta forma, o trabalhador deve comunicar ao empregador a intenção de resolução por escrito, com indicação dos factos que a sustentam nos 30 dias subsequentes ao conhecimento desses mesmos factos, com as particularidades dos números

2 e 3 do referido artigo. Assim, o trabalhador tem direito à indemnização prevista no artigo 396º CT.

CASO Nº 34
Estruturas de Representação Coletiva dos Trabalhadores

Responda às seguintes questões:
a) Comente a seguinte frase: "É importante que os membros das estruturas de representação coletiva no âmbito da sua atuação sejam protegidos por determinados mecanismos legais".
b) Porque se afirma que no nosso sistema jurídico o papel das comissões de trabalhadores tem pouca relevância?
c) Descreva, sucintamente, o processo de constituição de uma comissão de trabalhadores.

TÓPICOS DE RESOLUÇÃO:

a) A atuação de trabalhadores na prossecução dos seus direitos coletivos pode não ser bem aceite pelos empregadores, e daí que seja protegida através de diversos mecanismos legais.
Em primeiro lugar, o artigo 406º CT proíbe atos discriminatórios, considerando-os nulos, nomeadamente sempre que o empregador fizer depender a aceitação de um novo trabalhador na empresa à condição de ele se filiar ou não num sindicato ou de se retirar daquele em que esteja inscrito, de acordo com o artigo 406º nº 1 a) CT); será, igualmente, nulo todo o ato que implique despedir, transferir ou prejudicar o trabalhador em virtude do exercício de direitos relativos à sua participação em estrutura de representação coletiva.
Em segundo lugar, um outro mecanismo de defesa do trabalhador é o crédito de horas, consagrado no artigo 408º CT. O crédito de horas permite aos representantes dos trabalhadores uma dispensa legal da atividade laboral, durante o período

normal de trabalho, sem que tal afete a sua retribuição ou antiguidade, conforme se dispõe no artigo 408º nº 2 CT.
Sempre que o trabalhador pretenda usufruir do crédito de horas é suficiente que informe, por escrito, o empregador com dois dias de antecedência, por força do artigo 408º nº 3 CT. Saliente-se que não poderá haver cumulação do crédito de horas, pelo facto de o trabalhador pertencer a mais do que uma estrutura de representação coletiva, nos termos do artigo 408º nº 4 CT.
Considera-se ainda justificada a falta dada por trabalhador em virtude do desempenho de funções em estrutura de representação coletiva, caso tenha excedido o crédito de horas, contando como tempo de serviço. Nesta situação o trabalhador perde o direito à retribuição, de acordo com o artigo 409º nº 1 CT.
Em terceiro lugar, o trabalhador, membro da estrutura coletiva, goza de um regime de proteção em caso de despedimento, presumindo-se sem justa causa, nos termos do artigo 410º nº 3 CT. Assim, sempre que o trabalhador seja candidato a membro de órgão de sindicato ou que exerça ou haja exercido funções nos últimos três anos, o despedimento presume-se sem justa causa.
Por último, o último mecanismo legal de proteção do trabalhador, membro de estrutura de representação coletiva, é o consagrado no artigo 411º CT, que refere que o trabalhador não pode ser transferido de local de trabalho, nos termos gerais do artigo 194º CT. Só o poderá ser em caso de acordo ou de extinção ou mudança total ou parcial do estabelecimento onde presta serviço, de acordo com o artigo 411º nº 1 CT.

b) No nosso sistema jurídico o papel das comissões de trabalhadores é relativamente diminuto por três razões. Em primeiro lugar, existe por parte dos empregadores alguma relutância quanto à participação dos trabalhadores na vida da empresa; em segundo lugar, os trabalhadores, por falta de informação, receio de represálias e inércia, acabam por não tomar qualquer iniciativa; por último, constatamos uma certa concorrência com os sindicatos e estes gostam de ver minimizado o papel das comissões de trabalhadores.

c) Conforme dispõe o artigo 54º nº 2 CRP, a comissão de trabalhadores é constituída, em cada empresa, em plenário de trabalhadores (votação). Os trabalhadores deliberam a constituição e aprovam os estatutos, mediante votação, de acordo com o preceituado no artigo 430º CT. O plenário deverá ser convocado com o mínimo de 15 dias de antecedência por, pelo menos, 100 ou 20% dos trabalhadores da empresa, de acordo com o nº 3 do artigo 430º CT. Segue-se a eleição dos representantes dos trabalhadores para a comissão, nos termos do artigo 433º CT. Os membros são eleitos de entre as listas apresentadas por voto direto e secreto, segundo o princípio da representação proporcional (*Hondt*), por força do artigo 433º nº 1 CT. A eleição é convocada com 15 dias de antecedência ou prazo superior constante dos estatutos pela comissão eleitoral ou, na sua falta por, pelo menos, 100 ou 20% dos trabalhadores da empresa, nos termos do artigo 433º nº 2 CT. Só podem concorrer listas subscritas por, no mínimo, 100 ou 20% dos trabalhadores, conforme se dispõe no artigo 433º nº 3 CT.

Por fim, a comissão eleitoral solicita ao ministério responsável pela área laboral o registo de constituição da comissão de trabalhadores, dos estatutos e da eleição dos membros, de acordo com o preceituado no artigo 438º nº 1 e nº 2 CT. Nos 30 dias posteriores à solicitação do registo, o ministério procede aos registos e às publicações no Boletim do Trabalho e Emprego, de acordo com o artigo 438º nº 6 CT. Só a partir deste momento, a comissão de trabalhadores poderá iniciar as suas funções, conforme previsto no artigo 438º nº 7 CT.

CASO Nº 35
ESTRUTURAS DE REPRESENTAÇÃO COLETIVA DOS TRABALHADORES

Responda às seguintes questões:
a) O que entende por associação sindical?
b) Quais são as principais vertentes do princípio da liberdade sindical?

c) Descreva, sucintamente, o processo de constituição de um sindicato.
d) Suponha que o ministério responsável pela área laboral ao receber os estatutos de determinada associação sindical constata que uma das suas disposições impede a inscrição de trabalhadores não católicos. *Quid iuris?*
e) Quais são as principais vertentes da atividade sindical?
f) Quais são as formas de extinção dos sindicatos? Descreva-as sucintamente.
g) Comente a seguinte frase: "Em caso de extinção de uma associação sindical, os bens serão distribuídos pelos associados".

TÓPICOS DE RESOLUÇÃO:

a) Em primeiro lugar, trata-se de uma associação de pessoas; em segundo, terá que ser uma associação de caráter permanente; em terceiro lugar, as pessoas associadas num sindicato têm necessariamente de ser trabalhadores subordinados (onde também se incluem os funcionários públicos); e por último, a finalidade dos sindicatos é a promoção e defesa dos interesses socioprofissionais dos associados, ou seja, dos trabalhadores subordinados, de acordo com o referido no artigo 442º nº 1 a) CT.
b) As principais vertentes do princípio da liberdade sindical são as seguintes:
   – a liberdade dos trabalhadores se associarem para constituir sindicatos, de acordo com o artigo 55º nº 2 a) CRP e artigo 440º nº 1 CT; a liberdade dos trabalhadores se inscreverem nos sindicatos já constituídos, por força do artigo 55º nº 2 b) CRP e artigo 444º nº 1 CT; e, ainda, a liberdade dos inscritos se desvincularem, nos termos do artigo 444º nº 6 CT, mediante comunicação escrita com antecedência de 30 dias;
   – e a liberdade de as associações sindicais constituídas estabelecerem as suas próprias regras, no que respeita à sua organização, regulamentação, interesses a defender, atividades a exercer, *inter alia*, por força dos artigos 55º nº 2 c) CRP e artigo 445º CT.

c) O artigo 447º CT, conjugado com os preceitos gerais de direito civil, estabelece regras específicas, no que respeita à constituição de sindicatos. Assim, são necessários três atos principais em assembleia constituinte:
   – primeiro, o ato de constituição de associações (que se subdivide em duas situações: a deliberação de constituição e a deliberação de aprovação de estatutos);
   – em segundo lugar, temos o registo dos estatutos do sindicato, de acordo com o artigo 447º nº 1 CT (o registo confere personalidade jurídica ao sindicato e é feito no ministério responsável pela área laboral);
   – por último, há que ter em conta um ato subsequente de publicidade da associação sindical criada, a publicação dos estatutos do sindicato no Boletim do Trabalho e Emprego, nos termos do artigo 447º nº 4 CT, nos 30 dias posteriores à sua receção.

d) A lei estabelece, no artigo 55º nº 2 CRP e no artigo 444º nº 1 CT, o princípio de que o trabalhador tem direito a inscrever-se num sindicato na sua área de atividade, sem discriminação. Ora, a religião do trabalhador apresenta-se, de facto, como um fator de discriminação. Portanto, existe uma falta de conformidade dos estatutos com a lei e, caso os estatutos contenham disposições contrárias à lei, o ministério responsável pela área laboral notifica, no prazo de 8 dias a contar da publicação, o sindicato para que as altere, no prazo de 180 dias, conforme dispõe o artigo 447º nº 5 CT. Caso o sindicato não as altere, nos termos do artigo 447º nº 4 b) CT, o ministério responsável pela área laboral remete ao magistrado do Ministério Público cópia da ata da assembleia constituinte, dos estatutos e do pedido de registo, acompanhados da apreciação fundamentada sobre a legalidade da constituição da associação sindical. O magistrado do Ministério Público, em caso de desconformidade dos estatutos com a lei, promove, nos 15 dias posteriores à receção dos mesmos, a declaração judicial de extinção do sindicato. Neste caso, o ministério responsável pela área laboral promove a publicação de cancelamento de registo dos estatutos e publica o aviso no Boletim de Trabalho e Emprego, por força dos artigos 447º nº 9 e 456º nº 3 CT.

e) A atividade sindical tem distintas vertentes.

Em primeiro lugar, a vertente reivindicativa em relação ao empregador e ao Estado. A associação sindical exige aos empregadores melhorias das condições de trabalho para os seus associados e ao Estado, por exemplo, o aumento da retribuição mínima mensal garantida. Em segundo lugar, uma outra vertente da atividade sindical, não tradicional, mas consequência de um desenvolvimento das funções sindicais, respeita à prestação de serviços económicos e dos associados, prevista no artigo 443º nº 1 b) CT.

Na sua atividade essencial tradicional a função sindical resume-se, essencialmente, à celebração de convenções coletivas de trabalho (artigo 56º nº 3 CRP e 443º nº 1 a) CT), à declaração de greve (artigo 531º nº 1 CT), à participação na elaboração da legislação do trabalho (artigo 443º nº 1 c) e artigos 470º e ss. CT).

Em qualquer das vertentes, a atividade sindical tem de ser exercida de modo responsável e de boa fé, por força do artigo 522º CT, sem causar ilicitamente danos a outrem, em particular aos empregadores.

f) Os sindicatos podem extinguir-se por decisão judicial ou voluntariamente.

Se os estatutos não se mostrarem conformes com a lei, extingue-se o sindicato por decisão judicial, sendo a promoção da declaração judicial da extinção da associação sindical da responsabilidade do Ministério Público, de acordo com o artigo 447º nº 8 CT. Pode ainda extinguir-se judicialmente na situação prevista no artigo 456º nº 1 CT.

A extinção voluntária pode encontrar-se prevista nos estatutos. O artigo 450º nº 1 c) CT prevê que os estatutos regulem o modo de extinção dos sindicatos. A extinção voluntária pode ser de dois tipos: automática ou mediante deliberação.

Estar-se-á perante uma hipótese de extinção automática se dos estatutos da associação sindical constar que, ocorrendo determinado facto, a mesma se extingue.

A extinção mediante deliberação corresponde à situação mais comum: verificados determinados pressupostos, os associados reúnem-se e deliberam a extinção do sindicato em assembleia geral (172º nº 2 CC).

g) A afirmação é falsa. Em caso de extinção da associação sindical, nos termos do artigo 450º nº 5 CT, os bens não poderão ser distribuídos pelos associados. Admite-se que, em determinados casos, os bens de uma associação extinta sejam atribuídos, judicialmente, a outra pessoa coletiva. Deste modo, extinta uma associação sindical, o tribunal poderá atribuir os bens dessa associação ao sindicato que melhor desenvolva os fins da extinta associação.

CASO Nº 36
ESTRUTURAS DE REPRESENTAÇÃO COLETIVA DOS EMPREGADORES

Responda às seguintes questões:
a) O que entende por associação de empregadores?
b) Quem pode formar ou filiar-se numa associação de empregadores?
c) Suponha que no dia 2 de janeiro de 2008 a assembleia geral da Associação Nacional de Empresas de Formação elegeu os membros da direção. No dia 1 de fevereiro de 2008 é publicada a lista dos membros da direção no Boletim de Trabalho e de Emprego. No dia 1 de março de 2014 o ministério responsável pela área laboral constata que, desde 2008, não recebeu mais nenhuma lista de membros de direção da referida associação. *Quid iuris*?
d) Quais são as limitações e vantagens dos empresários, não empregadores, filiados nas associações de empregadores?

TÓPICOS DE RESOLUÇÃO:

a) As associações de empregadores são associações permanentes de pessoas, singulares ou coletivas, titulares de uma empresa, que tenham habitualmente trabalhadores ao seu serviço, de acordo com o artigo 442º 2º a) CT. Têm como objetivo defender e promover os seus interesses empresariais, conforme dispõe o artigo 440º nº 2 CT.

b) Nos termos gerais, qualquer empresário empregador pode associar-se para a constituição de uma associação de empregadores com outros empresários empregadores, de acordo com o artigo 440º nº 2 CT, ou pela inscrição em associações já existentes, conforme expressa o artigo 444º nº 3 CT. Podem, igualmente, inscrever-se, como dispõe o artigo 444º nº 4 CT, os empresários não empregadores, mas ficam impedidos de intervir nas decisões que respeitem às relações laborais. Apesar da falta de correspondência a nível constitucional, pode equiparar-se a liberdade de associativismo dos empregadores com a liberdade sindical.

Nas associações de empregadores, ao contrário do que sucede com as associações sindicais, podem filiar-se quer pessoas coletivas, quer pessoas singulares, de acordo com o artigo 442º nº 2 a) CT.

c) Segundo o artigo 456º nº 1 CT, caso a associação sindical não requeira a publicação da identidade dos membros da direção, num período de seis anos a contar da última publicação, o serviço competente do ministério responsável pela área laboral deve comunicar o facto ao Ministério Público. Este deverá promover a declaração judicial de extinção da associação, no prazo de quinze dias, a contar da receção da comunicação. Por sua vez, e nos termos do nº 3 do mesmo artigo, o serviço competente do ministério responsável pela área laboral procede ao cancelamento do registo dos estatutos, promovendo a publicação no Boletim do Trabalho e Emprego.

d) Como dispõe o artigo 444º nº 4 CT, os empresários não empregadores ficam impedidos de intervir nas decisões que respeitem a relações de trabalho. Os filiados não empregadores poderão usufruir da prestação de serviços; daí o interesse em serem associados (por exemplo, a prestação de serviços jurídicos ou de informações económicas e fiscais, conforme se dispõe no artigo 443º nº 1 b) CT).

CASO Nº 37
INSTRUMENTOS NEGOCIAIS DE REGULAMENTAÇÃO COLETIVA

Responda às seguintes questões:
a) Diga, justificando, se a seguinte afirmação é verdadeira ou falsa: "As disposições de convenção coletiva não podem ser afastadas por disposições do contrato de trabalho".
b) A quem se aplicam as disposições das convenções coletivas de trabalho?
c) Descreva, sucintamente, o processo de negociação de uma convenção coletiva.
d) Suponha que uma determinada convenção coletiva, que não regule a sua renovação, é denunciada. Como se processa a sua caducidade? Suponha ainda que passado um ano da caducidade da convenção coletiva, as partes não celebram uma nova. *Quid iuris*?

TÓPICOS DE RESOLUÇÃO:

a) A afirmação é falsa. Do artigo 476º CT resulta que as disposições dos instrumentos de regulamentação coletiva de trabalho podem ser afastadas por contrato de trabalho, desde que neste se estabeleçam condições mais favoráveis para o trabalhador. Por sua vez, como dispõe o artigo 3º nº 3 CT, as normas reguladoras do contrato de trabalho podem ser afastadas, sem oposição dessas normas, por instrumento de regulamentação coletiva de trabalho, sempre que estabeleça condições mais favoráveis para o trabalhador.

b) Tendo em conta o princípio de filiação previsto no artigo 496º CT, as convenções coletivas só encontram aplicação relativamente aos associados das entidades signatárias, isto é, aos trabalhadores filiados no sindicato e aos empregadores inscritos nas associações de empregadores.

c) A negociação inicia-se com uma proposta, esta deverá assumir forma escrita e importa que estejam justificadas todas as pretensões, de acordo com o previsto no artigo 486º CT. Além disso, a proposta terá de ser enviada em duplicado, sendo o original para o destinatário e a cópia para o ministério responsável pela área laboral, por força do artigo 490º nº 2 CT.

O destinatário, em princípio uma associação de empregadores ou um empregador, tem 30 dias para responder, contados da receção da proposta, nos termos do artigo 487º nº 1 CT. A resposta deve ser dada por escrito e fundamentada, sendo enviada cópia para o ministério responsável pela área laboral, nos termos previstos nos artigos 487º nº 1 e 490º nº 2 CT. Tanto a resposta, como as contrapropostas, têm de ser escritas e fundamentadas, nos mesmos termos da proposta, de acordo com os artigos 486º nº 2 e 487º nº 1 CT.

No artigo 487º nº 1 CT infere-se a existência de uma obrigação de resposta ou de formulação de contrapropostas, uma vez que se o destinatário não der resposta, há a possibilidade de recurso à conciliação, prevista nos artigos 523º e ss. CT, com vista a solucionar aquele conflito, de acordo com o preceituado no nº 4 do artigo 487º CT.

Se as negociações chegarem a bom termo, os intervenientes, de acordo com o artigo 491º CT, celebram a convenção coletiva de trabalho, por escrito e assinadas pelos representantes das entidades celebrantes, conforme preveêm os artigos 477º e 491º nº 1 CT, respetivamente. O conteúdo da convenção coletiva terá que ser o indicado no artigo 492º CT.

Depois de celebrada a convenção coletiva, dever-se-á proceder ao seu depósito, nos serviços competentes do ministério responsável pela área laboral, por força do artigo 494º nº 1 CT. O depósito tem como finalidade uma intervenção pública de

controlo administrativo da legalidade, podendo o Estado intervir, recusando o depósito, nos termos do artigo 494º nº 4 CT. A falta de resposta dos serviços do ministério durante 15 dias, após a receção do instrumento, determina a aceitação tácita do depósito, de acordo com o artigo 494º nº 5 e nº 7 CT.
Após o depósito, a convenção coletiva deverá ser publicada no Boletim do emprego e Trabalho, conforme prevê o artigo 519º nº 1 CT.

d) Se a convenção coletiva de trabalho não regular a sua renovação, havendo denúncia, à convenção aplica-se o regime da sobrevigência, prevista no artigo 501º nº 2 CT. Por outras palavras, a convenção denunciada mantém-se por um período que não poderá ser inferior a 18 meses, conforme o previsto no artigo 501º nº 3 CT. Decorrido o período referido, a convenção mantém-se em vigor durante 60 dias, após qualquer uma das partes comunicar ao ministério e à outra parte que as negociações se frustraram, e a partir deste momento a convenção caduca, conforme refere o artigo 501º nº 4º CT.

Durante os 12 meses posteriores à caducidade da convenção, caso não seja celebrada nova convenção coletiva, pode ser determinada arbitragem necessária, nos termos previstos no artigo 510º CT.

CASO Nº 38
INSTRUMENTOS NEGOCIAIS DE REGULAMENTAÇÃO COLETIVA

Responda às seguintes questões:
a) O que entende por acordo de adesão?
b) Comente a seguinte frase: "No acordo de adesão, a entidade aderente não tem liberdade de estipulação".

CASOS PRÁTICOS DE DIREITO DO TRABALHO

TÓPICOS DE RESOLUÇÃO:

a) O acordo de adesão, previsto no artigo 504º CT, é o contrato celebrado por uma entidade – associação sindical, associação de empregadores ou empregador, que não foi celebrante da convenção coletiva e que pretende que esta se lhe aplique. A entidade interessada celebra o acordo de adesão, para obter a extensão do âmbito de aplicação da convenção coletiva.

b) Nos termos do artigo 504º nº 3 CT, não há liberdade de estipulação, uma vez que as partes não podem modificar o conteúdo da convenção coletiva. Nada obsta a que se proceda a alterações numa convenção coletiva, ajustando-se às especificidades dos interessados, com vista à celebração de outra convenção coletiva; todavia, neste caso não se tratará de um acordo de adesão.

CASO Nº 39
INSTRUMENTOS NEGOCIAIS E NÃO NEGOCIAIS DE REGULAMENTAÇÃO COLETIVA

Responda às seguintes questões:
a) Quais os pressupostos para a emissão de uma portaria de extensão?
b) Quais os pressupostos para a emissão de uma portaria de condições de trabalho?
c) Quais os tipos de convenções coletivas que conhece? Descreva-os sucintamente.

TÓPICOS DE RESOLUÇÃO:

a) Como prevê o artigo 514º CT, a emissão de uma portaria de extensão depende da verificação de alguns pressupostos. Em primeiro lugar, está limitada a empregadores do mesmo setor de atividade e a trabalhadores da mesma profissão ou profissão

análoga ao do instrumento estendido que não estejam filiados nas associações respetivas, conforme previsto no n.º 1 do artigo referido. Em segundo lugar, para a extensão terá de haver ponderação de circunstâncias sociais e económicas, de acordo com o n.º 2 do mesmo artigo.
b) Só se recorre às portarias de condições de trabalho se não for viável emitir uma portaria de extensão, por não existirem associações sindicais ou de empregadores que tenham celebrado convenção coletiva passível de extensão e estiverem em causa situações sociais e económicas que o justifiquem, conforme se dispõe no artigo 517.º CT.
c) Nos termos do artigo 2.º n.º 3 CT a convenção coletiva pode assumir três formas:
– Contrato coletivo: a convenção coletiva celebrada entre sindicatos e associações de empregadores, sendo generalizada e a mais comum em Portugal;
– Acordo coletivo: em que são partes as associações sindicais e vários empregadores individualmente considerados;
– Acordo de empresa: celebrado entre sindicatos e um empregador para vigorar numa determinada empresa (frequente no domínio das grandes empresas).

CASO N.º 40
Resolução de conflitos coletivos de trabalho

Quais as principais diferenças entre a mediação e a arbitragem?

TÓPICOS DE RESOLUÇÃO:

A mediação, regulada nos artigos 526.º e ss. CT, constitui uma forma de solucionar conflitos coletivos que está entre conciliação e arbitragem.

A mediação, diferentemente da conciliação, pressupõe que o mediador apresente propostas, para serem ou não aceites pelas partes, de acordo com o artigo 527º nº 7 CT.

Pode recorrer-se à mediação em qualquer altura, por força do artigo 526º nº 3 a) CT, por acordo das partes (nomeadamente no decurso da conciliação); ou, ainda, por iniciativa de uma das partes, um mês após o início da conciliação, mediante comunicação por escrito à outra parte, conforme o previsto no artigo 526º nº 3 b) CT). Note-se que à arbitragem só se pode recorrer exclusivamente havendo acordo das partes, de acordo com o artigo 506º CT.

A mediação difere da arbitragem, na medida em que a proposta apresentada pelo mediador não tem de ser aceite pelas partes, considerando-se recusada em caso de silêncio de uma delas, de acordo com o artigo 527º nº 8 CT. Se a proposta for aceite, formando-se o consenso, pode ser celebrada uma convenção coletiva de trabalho. Por sua vez, a arbitragem, depois de acordada, já não pressupõe qualquer consenso posterior das partes, quanto à solução do conflito; na verdade, as partes terão de aceitar a solução dos árbitros. Contudo, existe a liberdade das partes recorrerem à arbitragem voluntária, indicando o âmbito de aplicação da arbitragem segundo o artigo 506º CT, por remissão do artigo 529º CT.

CASO Nº 41
Greve

Responda às seguintes questões:
a) Poderá um trabalhador filiado num determinado sindicato aderir a uma greve, se esse sindicato subscreveu uma convenção coletiva, da qual consta uma cláusula de paz social?
b) Poderá o empregador, dentro da empresa, impedir a atuação dos piquetes de greve?
c) Suponha que se pretende levar a cabo uma greve no setor das telecomunicações. Para tal, o Sindicato Nacional dos Trabalhadores dos Correios e Telecomunicações declara a greve, diri-

gindo à Associação de Empregadores e ao Ministério da tutela o aviso prévio, com 5 dias úteis de antecedência do início da greve. Do pré-aviso consta uma proposta de definição de serviços mínimos. Pronuncie-se sobre a licitude da greve e respetivas consequências que advenham para os aderentes.
d) O que entende por *lock-out*?

TÓPICOS DE RESOLUÇÃO:

a) Sim, um trabalhador filiado num determinado sindicato poderá aderir a uma greve, mesmo que o sindicato tenha subscrito a uma convenção coletiva, da qual consta uma cláusula de paz social. Nesta situação, o sindicato está impedido de declarar greve numa empresa; todavia, nos termos do artigo 530º nº 3 CT, a greve é um direito irrenunciável, pelo que não se poderá impedir o seu exercício, direito constitucionalmente consagrado no artigo 57º CRP. Portanto, a cláusula de paz social obriga o sindicato a não declarar greve, mas não obriga os filiados nesse sindicato a não aderir a uma greve.

b) O empregador poderá sempre impedir a entrada de pessoas estranhas à empresa. Relativamente às empresas com serviços abertos ao público, haverá áreas reservadas a funcionários e, pelo menos nesses espaços, o empregador poderá não permitir a entrada a pessoas estranhas.

No que concerne aos piquetes de greve, compostos por trabalhadores da própria empresa, estes podem prosseguir os seus objetivos nas zonas de acesso livre (cantina, sala de convívio, *inter alia*).

O empregador pode, não obstante, opor-se à entrada do piquete de greve composto por trabalhadores da empresa na zona de trabalho, impedindo que se verifiquem perturbações no local de trabalho, até por motivos de segurança.

c) Segundo o artigo 534º nº 1 CT *in fine*, o pré-aviso deveria ter sido emitido com 10 dias úteis de antecedência e não 5, uma vez que diz respeito a um setor que visa assegurar necessidades sociais, de acordo com os artigos 534º nº 1 e 537º nº 1 e 2 a) CT. Portanto, a greve é ilícita.

A greve declarada ou executada de forma ilícita, em inobservância do disposto nos artigos 530º e ss. CT, faz incorrer os grevistas no regime das faltas injustificadas, por força dos artigos 541º nº 1 e 256º CT. Desta forma, violam o dever de assiduidade, implicando perda de retribuição e de antiguidade. Ressalve-se que a perda de retribuição já existiria, pela simples adesão à greve, de acordo com o artigo 536º nº 1 CT; todavia, o mesmo já não se pode dizer sobre a perda da antiguidade. Assim sendo, a violação do dever de assiduidade é uma infração disciplinar que poderá constituir justa causa de despedimento.

Provando-se o desconhecimento por parte do trabalhador da ilicitude da greve, a respetiva adesão não deverá ser considerada ilícita, não ficando o trabalhador sujeito ao regime das faltas injustificadas, não obstante a perda de retribuição, prevista no já mencionado artigo 536º nº 1 CT.

d) O artigo 57º nº 4 CRP estabelece a proibição de *lock-out*, a qual vem reproduzida no artigo 544º nº 1 CT. O *lock-out* traduz-se na decisão unilateral do empregador de paralisar total ou parcialmente a empresa. Podem existir, não obstante, situações em que a paralisação não seja considerada *lock-out* (*v.g.* motivos de segurança). A título exemplificativo, se determinados trabalhadores aderirem à greve, cujo objeto do contrato de trabalho, entre outras funções, seria verificar o funcionamento de determinadas máquinas, poderá o empregador decidir não pôr essas máquinas em funcionamento, por considerar que tal acarretaria risco para o equipamento e para os demais trabalhadores. Em tal caso o empregador pode decidir paralisar total ou parcialmente a empresa sem que tal constitua *lock-out*. Desta forma, só existe *lock-out* quando o empregador encerra a empresa como represália à greve.

CASO Nº 42
GREVE

Suponha que se pretende levar a cabo uma greve no setor dos transportes. Para tal, a comissão de trabalhadores declara a greve, dirigindo à respetiva associação de empregadores e ao ministério da tutela o aviso prévio com 10 dias úteis de antecedência do início da greve. Do pré-aviso consta uma proposta de definição de serviços mínimos. Pronuncie-se sobre os efeitos da greve.

TÓPICOS DE RESOLUÇÃO:

Estamos perante uma violação da regra de competência, prevista no artigo 531º nº 1 CT; portanto a greve é ilícita. A greve declarada ou executada de forma ilícita, em inobservância do disposto nos artigos 530º e ss. CT, faz incorrer os grevistas no regime das faltas injustificadas, por força dos artigos 541º nº 1 e 256º CT. Desta forma, violam o dever de assiduidade, implicando perda de retribuição e de antiguidade. Ressalve-se que a perda de retribuição já existiria, pela simples adesão à greve, de acordo com o artigo 536º nº 1 CT; todavia, o mesmo já não se pode dizer sobre a perda da antiguidade. Assim sendo, a violação do dever de assiduidade é uma infração disciplinar que poderá constituir justa causa de despedimento.

HIPÓTESES

Nº 1
Múltipla Escolha

Para cada uma das seguintes situações, escolha a opção correta:

1 – O contrato de trabalho por tempo indeterminado e o contrato de trabalho a termo:
a) são consensuais
b) o primeiro é consensual e o segundo está sujeito a forma escrita
c) o primeiro está sujeito a forma escrita e o segundo é consensual
d) estão sujeitos a forma escrita

2 – O desempenho remunerado de tarefas que se traduzem em atos de gestão da empresa, diariamente exercida, durante dois anos, nas instalações da empresa, das 9 às 18 horas, em que tais tarefas são controladas e questionadas pela administração da empresa, integra:
a) um contrato de prestação de serviço
b) um contrato de trabalho
c) um contrato de agência
d) nenhuma das respostas anteriores está correta

3 – A cláusula que consta de um contrato de trabalho a termo pelo prazo de um ano que estipula que o período experimental terá a duração de 45 dias é:
a) válida

b) nula, determinando a invalidade de todo o contrato de trabalho
c) nula, não determinando a invalidade de todo o contrato de trabalho
d) nenhuma das respostas anteriores está correta

4 – O administrador da sociedade "Amado, S.A." impõe à sua secretária a obrigação de permanecer numa sala durante o seu horário de trabalho, sem qualquer tarefa distribuída. Esta obrigação:
a) não ofende qualquer garantia do trabalhador
b) é um dever do trabalhador
c) viola uma garantia do trabalhador
d) nenhuma das respostas anteriores está correta

5 – Abel é padeiro numa confeitaria no Porto há mais de 10 anos. Este trabalhador:
a) pode ter apenas um dia de descanso semanal
b) pode trabalhar 8 horas consecutivas, sem qualquer interrupção
c) pode não gozar férias, recebendo o triplo da sua retribuição mensal
d) nenhuma das respostas anteriores está correta

6 – A entidade empregadora:
a) pode encarregar temporariamente o trabalhador de funções não compreendidas na atividade contratada verificados determinados pressupostos
b) pode transferir o trabalhador para outro local de trabalho sempre que entender
c) nenhuma das respostas anteriores está correta
d) quer a alínea a), quer a alínea b) são faculdades conferidas pela lei ao empregador

7 – As senhas de gasolina e os cartões de crédito pagos ao trabalhador:
a) não fazem parte do conceito de retribuição, uma vez que são prestações não pecuniárias
b) fazem parte do conceito de retribuição, se tiverem carácter de regularidade e de continuidade

c) fazem parte do conceito de retribuição quer tenham ou não carácter de regularidade e de continuidade
d) nenhuma das respostas anteriores está correta

8 – Poderá ser isento de horário de trabalho:
a) qualquer trabalhador, independentemente das funções que exerça
b) o trabalhador que o empregador livremente escolher
c) um motorista
d) nenhuma das respostas anteriores está correta

9 – Julieta, com 53 anos de idade, é trabalhadora há mais de 25 anos na sociedade "Areias e britas, S.A.". A trabalhadora poderá:
a) celebrar um acordo de pré-reforma com a entidade empregadora
b) ter direito a uma licença sem retribuição para frequentar um doutoramento na área da engenharia geológica
c) recusar a prestação de trabalho suplementar em qualquer circunstância
d) nenhuma das respostas anteriores está correta

10 – Na véspera do Natal de 2012, Alexandrino desobedece a diversas ordens do seu superior hierárquico, uma vez que estava mal disposto pelo facto de o seu clube de futebol ter perdido o primeiro lugar para o clube rival:
a) o direito de exercer o poder disciplinar ainda não prescreveu
b) o superior hierárquico não poderá exercer o poder disciplinar
c) o direito de exercer o poder disciplinar já prescreveu
d) nenhuma das respostas anteriores está correta

RESOLUÇÃO:

1 – b)
2 – b)
3 – c)

4 – c)
5 – a)
6 – a)
7 – b)
8 – c)
9 – b)
10 – c)

Nº 2
Verdadeiro | Falso

Das seguintes afirmações diga quais são as verdadeiras ou falsas:
a) O trabalhador pode legalmente e durante um determinado período prestar 18h de trabalho diário.
b) O empregador pode exigir ao trabalhador que lhe faculte a *password* do *e-mail* profissional.
c) O empregador pode exigir ao trabalhador o exercício de funções distintas das contratadas.
d) O empregador pode, sempre que o entenda, mudar o trabalhador para categoria inferior.
e) Cessando um contrato de trabalho a termo resolutivo certo por iniciativa do empregador, este fica impedido de contratar para o mesmo posto de trabalho no dia imediatamente a seguir.
f) Em determinadas circunstâncias, as comissões de trabalhadores podem declarar a greve.
g) Por vezes o *lock-out* é permitido.
h) Se um estatuto de um sindicato em processo de constituição tiver disposições contrárias à lei pode o sindicato ser declarado, imediatamente, extinto.
i) Um trabalhador filiado numa associação sindical goza de crédito de horas, para o exercício da atividade na estrutura de representação coletiva.
j) As normas do Código do Trabalho podem ser afastadas por disposições de convenção coletiva.

k) As disposições de convenção coletiva apenas se aplicam aos trabalhadores e aos empregadores filiados.
l) Apenas os sindicatos têm competência para declarar a greve.
m) Um trabalhador filiado numa associação sindical não pode aderir a uma greve declarada por outra associação, dentro do mesmo setor de atividade.
n) A adesão à greve implica perda de retribuição e antiguidade para o trabalhador aderente.

RESOLUÇÃO:

a) Verdadeira. O artigo 208º CT não exclui a aplicação simultânea do artigo 204º CT, nem a aplicação do regime do trabalho suplementar. Aplicando os acréscimos referidos aos limites impostos pelo artigo 203º CT, o período normal de trabalho pode, por descuido do legislador, ascender a 18h diárias.
b) Verdadeira, conforme podemos depreender da leitura do artigo 22º CT.
c) Verdadeira, apenas na medida em que se verifiquem os requisitos previstos no artigo 120º CT.
d) Falsa – Artigos 119º e 129º nº 1 e) CT.
e) Falsa. O empregador poderá celebrar um contrato de trabalho sem termo, nos termos do artigo 143º nº1 CT ou nas situações descritas no nº 2 do mesmo artigo.
f) Falsa – Artigo 531º nº 1 CT.
g) Falsa – Artigos 57º nº 4 CRP e 544º nº 2 CT.
h) Falsa – Artigo 445º nº 5 CT.
i) Falsa – Artigo 408º CT.
j) Verdadeira – Artigos 3º nº 1 e nº 3 CT.
k) Falsa – Artigos 476º e 514º CT.
l) Falsa – Artigo 531º nº 2 CT.
m) Falsa – Artigos 530º nº 3 e 532º CT.
n) Falsa – Artigo 536º nº 1 e nº 3 CT.

BIBLIOGRAFIA RECOMENDADA

Abrantes, José João – **Direito do Trabalho II – Direito da Greve**. Coimbra: Almedina, 2013. ISBN 9789724050256

Amado, João Leal – **Contrato de Trabalho**. 3ª Edição. Coimbra: Coimbra Editora, 2013. ISBN 9789723221428

Busto, Maria Manuel – **O Novo Regime Laboral do Contrato de Trabalho**. E&B Data, 2012. ISBN: 9789898610003

Dray, Guilherme Machado [et al] – **Código do Trabalho – Anotado**. 9ª Edição. Coimbra: Almedina, 2012. ISBN 9789724050294

Fernandes, António Monteiro – **Direito do Trabalho**. 16ª Edição. Coimbra: Almedina, 2012. ISBN 9789724049830

Gomes, Júlio Vieira – **Direito do Trabalho. Volume I. Relações Individuais de Trabalho**. Coimbra: Coimbra Editora, 2007. ISBN 9789723214826

Leal Amado, João – **Contrato de Trabalho**. 3ª Edição. Coimbra: Coimbra Editora, 2013. ISBN 9789723221428

Leite, Fausto – **Trabalho**. 3ª Edição. Coimbra: Almedina, 2012. ISBN 9789724050072

Martinez, Pedro Romano – **Direito do Trabalho**. 6ª Edição. Coimbra: Almedina, 2013. ISBN 9789724051468

Menezes Leitão, Luís Manuel Teles de – **Direito do Trabalho**. 3ª Edição. Coimbra: Almedina, 2012. ISBN 9789724049151

Neto, Abílio – **Novo Código do Trabalho e Legislação Complementar – Anotados**. Reimpressão da 3ª Edição. Ediforum, 2012. ISBN 9789898438058

Quintas, Paula; Quintas, Hélder – **Código do Trabalho – Anotado e Comentado.** 3ª Edição. Coimbra: Almedina, 2012. ISBN 9789724049571

Quintas, Paula; Quintas, Hélder – **Manual de Direito do Trabalho e de Processo de Trabalho.** 2ª Edição. Coimbra: Almedina, 2012. ISBN 9789724046822

Ramalho, Maria do Rosário Palma – **Tratado de Direito do Trabalho, Parte I – Dogmática Geral.** Coimbra: Almedina, 2012. ISBN 9789724050300

Ramalho, Maria do Rosário Palma – **Tratado de Direito do Trabalho, Parte II – Situações Laborais Individuais.** 2ª Edição. Coimbra: Almedina, 2012. ISBN 9789724050379

Ramalho, Maria do Rosário Palma – **Tratado de Direito do Trabalho, Parte III – Situações Laborais Coletivas.** Coimbra: Almedina, 2012. ISBN 9789724049403

Xavier, Bernardo da Gama Lobo – **Manual de Direito do Trabalho.** Verbo, 2011. ISBN 9789722230278

WEBGRAFIA RECOMENDADA

Autoridade para as Condições do Trabalho
   http://www.act.gov.pt
Câmara dos Solicitadores
   http://www.solicitador.net/
Comissão para a Igualdade no Trabalho e no Emprego
   http://www.cite.gov.pt/
Comissão Nacional de Proteção de Dados
   http://www.cnpd.pt/
Diário da República Eletrónico
   http://www.dre.pt/
EUR-Lex – Acesso ao direito da União Europeia
   http://eur-lex.europa.eu/pt
Gabinete de Documentação e Direito Comparado
   www.gddc.pt
IGFEJ.IP – Bases Jurídico-Documentais
   http://www.dgsi.pt/

International Labour Organization
   http://www.ilo.org
Ministério da Solidariedade, Emprego e Segurança Social
   http://www.portugal.gov.pt/pt/os-ministerios/ministerio-da-solidariedade-e-seguranca-social.aspx
Ordem dos Advogados
   http://www.oa.pt/
Portal da União Europeia
   http://europa.eu/
Procuradoria-Geral da República
   http://www.pgr.pt/
Procuradoria-Geral Distrital de Lisboa – Legislação
   http://www.pgdlisboa.pt/leis/lei_main.php
Segurança Social
   http://www.seg-social.pt/
Supremo Tribunal de Justiça
   http://www.stj.pt/
Tribunal da Relação de Coimbra
   http://www.trc.pt/
Tribunal da Relação de Évora
   http://www.tre.pt/
Tribunal da Relação de Guimarães
   http://www.trg.pt/
Tribunal da Relação de Lisboa
   http://www.trl.mj.pt
Tribunal da Relação do Porto
   http://www.trp.pt/

ÍNDICE

Notas de abertura   7

Nota introdutória   9

Abreviaturas   11

Casos Práticos   13

Hipóteses   79

Bibliografia e webgrafia recomendada   85